東京書籍版
漢字4年

【イラスト】田島直人、TICTOC、和田かおり

こわれた千の楽器

◆「読み方」の赤い字は教科書で使われている読みです。はまちがえやすい漢字です。

教科書 上16～26ページ

勉強した日 月 日

こわれた千の楽器

18ページ
器 くち
読み方 キ（うつわ）
使い方 楽器・器用 食器・受話器
15画

漢字の形に注意。
器 左はらいはつき出して書くよ。
「口」が四つと「大」だよ。
注意！

18ページ
倉 ひとやね
読み方 ソウ くら
使い方 倉庫・船倉 倉にしまう
10画

18ページ
巣 つかんむり
読み方 （ソウ） す
使い方 くもの巣・巣箱 古巣・鳥の巣
11画

18ページ
覚 みる
読み方 カク おぼえる さます・さめる
使い方 感覚・詩を覚える 目を覚ます・目が覚める
12画

18ページ
働 にんべん
読み方 ドウ はたらく
使い方 労働・重労働 工場で働く
13画

失（だい）

19ページ

失（下を長く・はらう）

読み方
シツ
うしな**う**

使い方
失礼（しつれい）・失望（しつぼう）
機会（きかい）を失（うしな）う

失 失 失 失 失

5画

包（つつみがまえ）

19ページ

包（あける・はねる）

読み方
ホウ
つつ**む**

使い方
包囲（ほうい）・包帯（ほうたい）
紙で包（つつ）む・小包（こづつみ）

包 包 包 包 包

5画

例（にんべん）

20ページ

例（とめる・はらう・はねる）

読み方
レイ
たと**える**

使い方
例外（れいがい）・例題（れいだい）・例文（れいぶん）
例（たと）えばの話

例 例 例 例 例 例 例 例

8画

案（き）

21ページ

案（少し出す・立てる・はねる・長く・とめる・はらう）

読み方
アン
―

使い方
名案（めいあん）・案内（あんない）
図案（ずあん）・答案（とうあん）

案 案 案 案 案 案 案 案 案 案

10画

続（いとへん）

22ページ

続（上を長く・はねる・はらう・とめる）

読み方
ゾク
つづ**く**
つづ**ける**

使い方
続発（ぞくはつ）・持続（じぞく）
練習を続（つづ）ける

続 続 続 続 続 続 続 続 続 続 続 続 続

13画

変（ふゆがしら・すいにょう）

24ページ

変（立てる・はねる・はらう）

読み方
ヘン
か**わる**
か**える**

使い方
変化（へんか）・変形（へんけい）
信号（しんごう）が変（か）わる

変 変 変 変 変 変 変 変 変

9画

同じ読み方の漢字。
変（か）わる…「変化する」という意味。
例 色が変わる。
代（か）わる…「かわりをする」という意味。
例 運転を代わる。

注意！

伝（にんべん）

25ページ

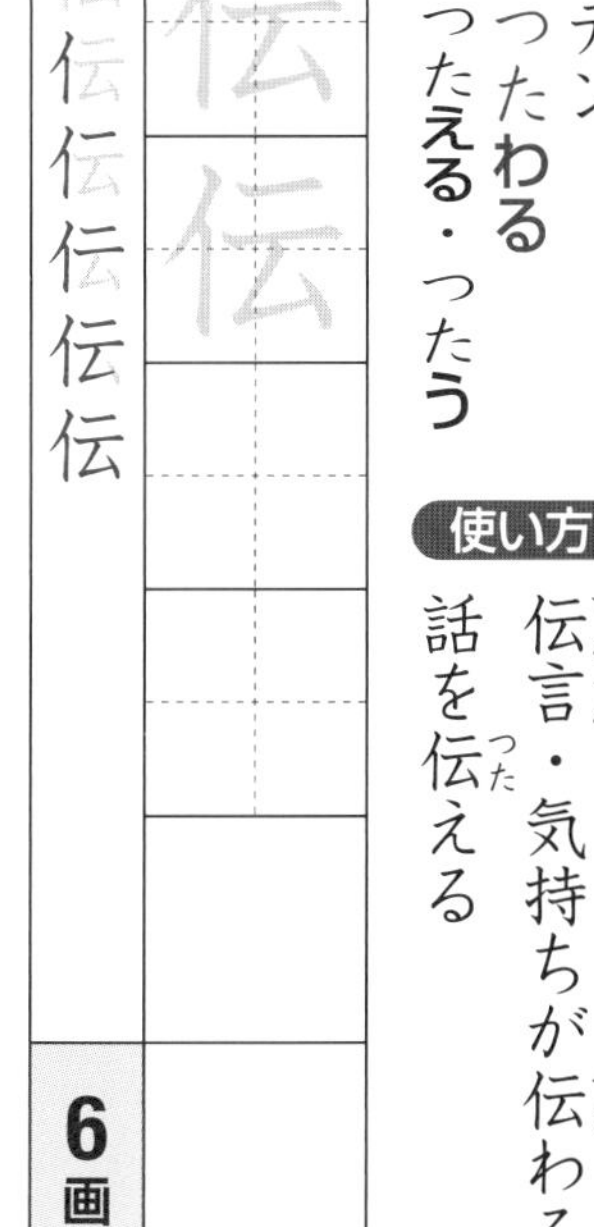

伝（下を長く・とめる）

読み方
デン
つた**わる**
つた**える**・つた**う**

使い方
伝言（でんごん）・気持ちが伝（つた）わる
話を伝（つた）える

伝 伝 伝 伝 伝 伝

6画

ものしりメモ 「巣」は、木（木）の上にあるかご（田）、つまり鳥の巣を表している漢字だよ。はじめの三画（⺍）の向きにも気をつけよう。

練習のワーク

こわれた千の楽器

教科書 ㊤16～26ページ
答え 1ページ

勉強した日　月　日

1 新しい漢字を読みましょう。

① 16ページ こわれた楽器。（　）

② 町の倉庫。（　）

③ くもの巣をかぶる。（　）

④ ねむりから目を覚ます。（　）

⑤ 働きつかれて休む。（　）

⑥ 「失礼します」と言う。（　）

⑦ 月の光に包まれる。（　）

⑧ 例えばの話をする。（　）

⑨ 名案がうかぶ。（　）

⑩ 練習を続ける。（　）

⑪ 気持ちが変化する。（　）

⑫ 聞き手に伝わる。（　）

✿⑬ 倉から米を出す。（　）

✿⑭ 漢字を覚える。（　）

✿⑮ きつい労(ろう)働をする。（　）

✿⑯ きぼうを失う。（　）

✿⑰ うでに包帯(たい)をまく。（　）

✿⑱ 例題をとく。（　）

✿⑲ 薬のききめが持続する。（　）

✿⑳ 水の色が変わる。（　）

✿㉑ 母からの伝言(ごん)。（　）

✿の漢字は新出漢字のべつの読み方です。

2 新しい漢字を書きましょう。〔　〕は、送りがなも書きましょう。

① 16ページ □□（がっき）のえんそう。

② 部品を入れる□□（そうこ）。

③ 鳥が□（す）を作る。

④ 目を〔　　〕（さます）。

⑤ 店で〔　　〕（はたらく）。

⑥ □□（しつれい）な話し方。

⑦ 品物を〔　　〕（つつむ）。

⑧ 動物、〔　　〕（たとえば）くまやねこ。

⑨ □□（めいあん）を思いつく。

⑩ 毎日少しずつ〔　　〕（つづける）。

⑪ 気温の□□（へんか）を調べる。

⑫ 気持ちが〔　　〕（つたわる）。

ここからはってん

✿⑬ 道を□（おぼ）える。

✿⑭ 天気が□（か）わる。

✿⑮ 妹へ□（でん）言（ごん）をのこす。

3 漢字で書きましょう。（〰〰は、送りがなも書きましょう。太字は、この回で習った漢字を使ったことばです。）

① ふるい**がっき**を**そうこ**にはこぶ。

② ちちおやに**めいあん**が**つたわる**。

③ おなじばしょで**はたらく**。

きほんのワーク

漢字を使おう1　図書館へ行こう

教科書 上27～31ページ

勉強した日　月　日

◆「読み方」の赤い字は教科書で使われている読みです。はまちがえやすい漢字です。

漢字を使おう1

27ページ

借　にんべん　借　（下を長く）

読み方：シャク　かりる

使い方：借用（しゃくよう）・借家（しゃくや）　本を借（か）りる

10画

27ページ

求　みず　求　（わすれない・はねる・はらう）

読み方：キュウ　もとめる

使い方：求人（きゅうじん）・追求（ついきゅう）・要求（ようきゅう）　協力（きょうりょく）を求（もと）める

7画

漢字の意味。

「借りる」は、「お金や品物を借りる」という意味だけでなく、「ちえを借りる」など、「助けてもらう」という意味での使い方もあるよ。また、「借りる」の反対の言葉は「かす」だよ。

漢字の意味

27ページ

録　かねへん　録　（とめる・はねる）

読み方：ロク　—

使い方：記録（きろく）・録音（ろくおん）　録画（ろくが）・登録（とうろく）

16画

27ページ

努　ちから　努　（少し出す・とめる・はらう・はねる）

読み方：ド　つとめる

使い方：努力（どりょく）・努力家（どりょくか）　勉学（べんがく）に努（つと）める

7画

「力」のつく漢字。

「力」は力があることや力を使った動作などに関係（かんけい）のある漢字につくよ。

「力」のつく漢字…助　勝　動　勉　など。

覚えよう！

27ページ　然

然（れっかれんが）

ポイント：わすれない・メタ・点の向き

読み方　ゼン・ネン　―

使い方　自然（しぜん）・全然（ぜんぜん）・当然（とうぜん）・天然（てんねん）

12画

反対の意味の言葉。

自然（しぜん）↔人工　必然（ひつぜん）↔ぐう然

「必然」は、「必（かなら）ずそうなること」という意味だよ。

覚えよう！

28ページ　類

類（おおがい）

ポイント：とめる・とめる

読み方　ルイ　たぐい

使い方　分類法（ぶんるいほう）・種類（しゅるい）・草食動物の類（たぐ）い

18画

「頁」のつく漢字。

「頁」は、頭部に関係のある漢字につくよ。

「頁」のつく漢字…頭　題　顔　など。

覚えよう！

図書館へ行こう

28ページ　法

法（さんずい）

ポイント：下を長く・とめる

読み方　ホウ・（ハッ）（ホッ）　―

使い方　分類法（ぶんるいほう）・作法（さほう）・文法（ぶんぽう）・方法（ほうほう）・用法（ようほう）

8画

にた意味をもつ漢字。

「法」と「方」はどちらも「やりかた」という意味をもつよ。

法　例　手法・用法

方　例　方式・方便（べん）

覚えよう！

28ページ　料

料（とます）

ポイント：とめる

読み方　リョウ　―

使い方　資料（しりょう）・料金（りょうきん）・料理（りょうり）・原料（げんりょう）・食料（しょくりょう）

10画

読みかえの漢字

27ページ	直（ただ）ちに　直（ただ）ちに
27	立（リツ）　自立（じりつ）
27	自（みずか）ら　自（みずか）ら

ものしりメモ　「然」には「ゼン・ネン」という二つの音読みがあるよ。言葉によって読み方が変わるから注意しよう。

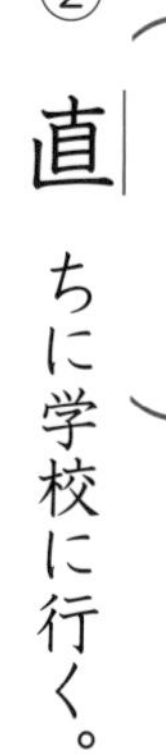

練習のワーク

漢字を使おう1 図書館へ行こう

教科書 上27〜31ページ　答え 1ページ

勉強した日　月　日

1 新しい漢字をよみましょう。

① 27ページ ものさしを（借）りる。
② （直）ちに学校に行く。
③ ノートを買い（求）める。
④ 用紙に（記録）する。
⑤ 子どもが（自立）する。

⑥ （自）ら進んで行動する。
⑦ 毎日（努力）をする。
⑧ 地いきの（自然）。
⑨ 28ページ 図書の（分類法）。
⑩ （資料）をさがす。

ここから はってん
✿⑪ ボールを（借用）する。
✿⑫ 理想を（追求）する。
✿⑬ 早起きに（努）める。
✿⑭ （天然）記念物の植物。
✿⑮ 虫の（類）いが苦手だ。

2 新しい漢字を書きましょう。〔 〕は、送りがなも書きましょう。

① 27ページ えんぴつを〔かりる〕。
② 〔ただちに〕電話する。
③ 助けを〔もとめる〕。

✿の漢字は新出漢字のべつの読み方です。

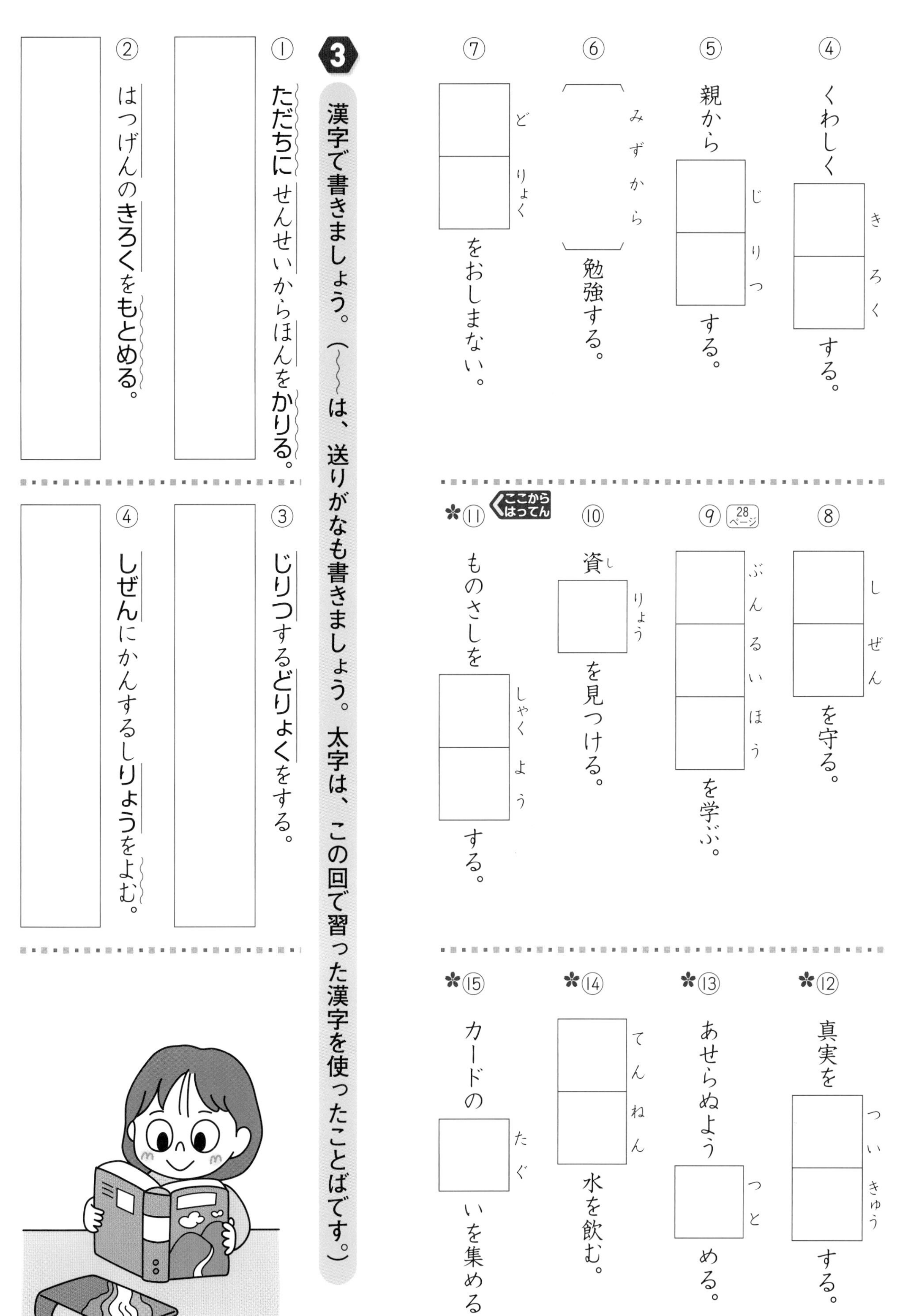

④ くわしく［きろく］する。

⑤ 親から［じりつ］する。

⑥ ［みずから］勉強する。

⑦ ［どりょく］をおしまない。

⑧ ［しぜん］を守る。

⑨ 28ページ ［ぶんるいほう］を学ぶ。

⑩ 資［りょう］を見つける。

ここからはってん

✿⑪ ものさしを［しゃくよう］する。

✿⑫ 真実を［ついきゅう］する。

✿⑬ あせらぬよう［つと］める。

✿⑭ ［てんねん］水を飲む。

✿⑮ カードの［たぐ］いを集める。

3 漢字で書きましょう。（〰〰は、送りがなも書きましょう。太字は、この回で習ったことばです。）

① **ただちに**せんせいからほんを**かりる**。

② **はつげん**の**きろく**を**もとめる**。

③ **じりつ**する**どりょく**をする。

④ **しぜん**にかんするし**りょう**をよむ。

4 かんじをつかおう

三年生で習ったかんじを書きましょう。〔　〕は、送りがなも書きましょう。

① 図書館で［しじゅう］を見つける。

② ［どうわ］を読む。

③ ［ぶんしょう］を書く。

④ 図書［がかり］になる。

⑤ 本を〔かえす〕。

⑥ 本の［もくじ］を見る。

⑦ 図かんで〔しらべる〕。

⑧ ［ちきゅう］ぎをながめる。

⑨ れんらく［ちょう］をつくえにおく。

⑩ ［しゅご］について教わる。

⑪ 今日の［よてい］を聞く。

⑫ 教室で［べんきょう］する。

⑬ 山田［くん］とはなす。

⑭ ［がっきゅういいん］になる。

⑮ 青い［ふでばこ］を使う。

⑯ ［もんだいしゅう］に取り組む。

⑰ ［かんじ］を習う。

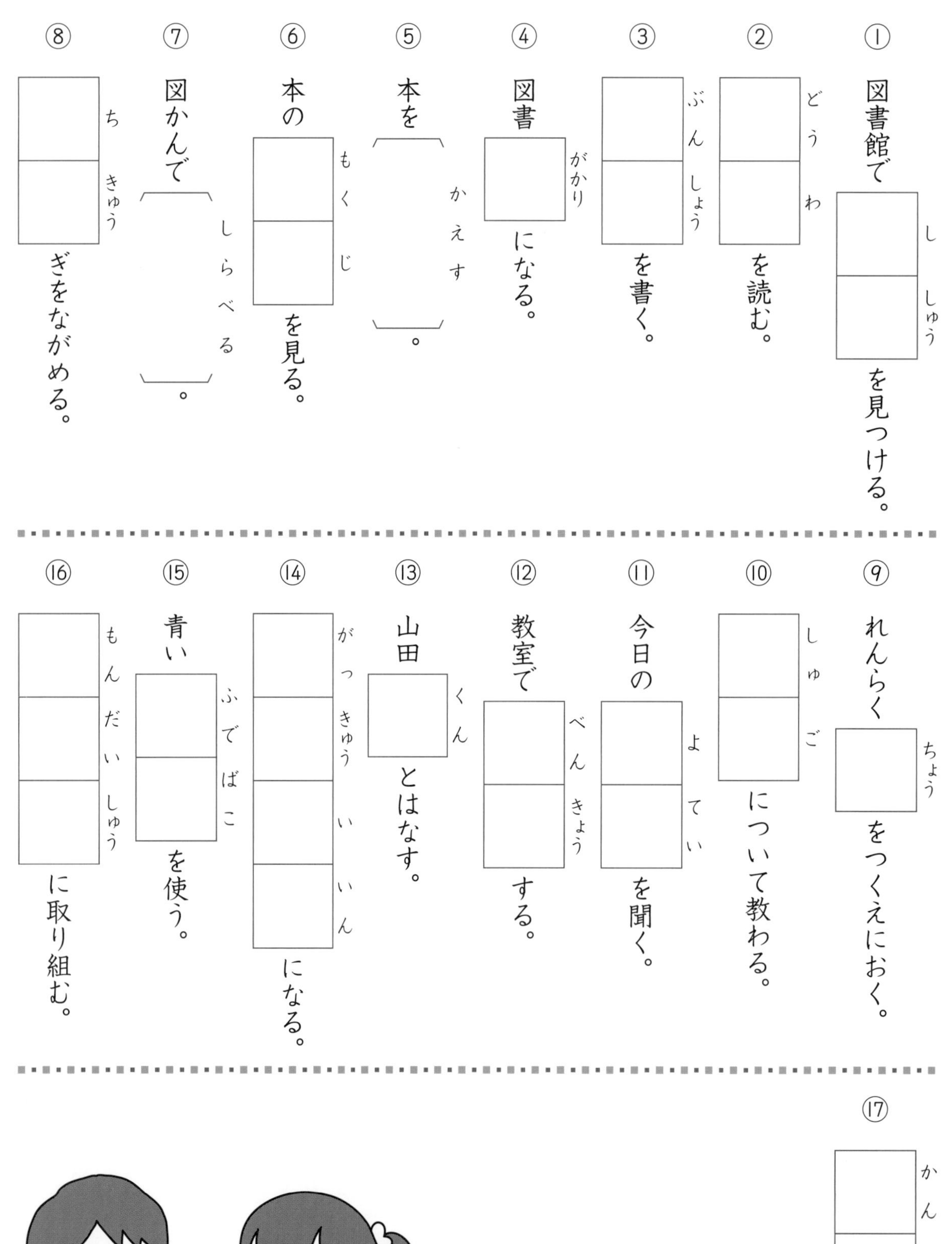

きほんのワーク

話を聞いて質問しよう　漢字辞典の使い方

教科書 ㊤34～41ページ

勉強した日　月　日

◆「読み方」の赤い字は教科書で使われている読みです。●はまちがえやすい漢字です。

話を聞いて質問しよう

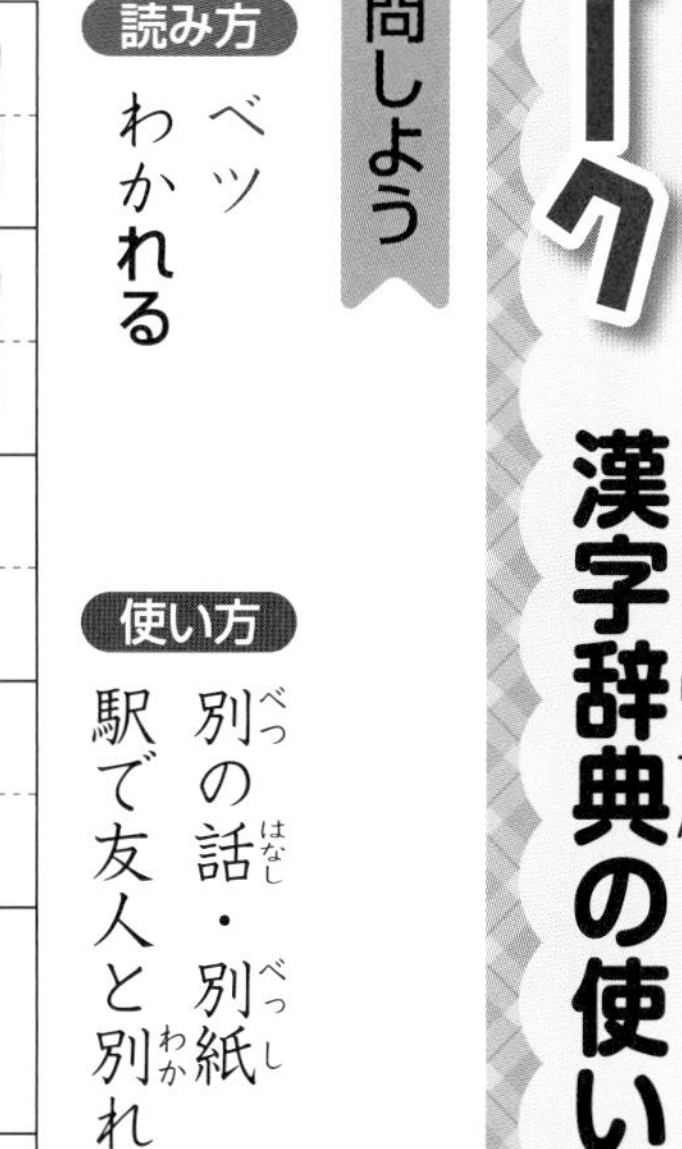

34ページ　別（りっとう）
読み方：ベツ／わかれる
使い方：別の話・別紙／駅で友人と別れる
7画

35ページ　参（む）
とめる／はらう／一番長く
読み方：サン／まいる
使い方：参加・参観・参考／宮参り・神社に参る
8画

35ページ　加（ちから）
小さく／はねる
読み方：カ／くわえる・くわわる
使い方：参加・加工・追加／手を加える
5画

35ページ　芽（くさかんむり）
つき出さない／下を長く／はねる
読み方：ガ／め
使い方：発芽・麦芽／草の芽・新芽
8画

漢字の形に注意。
芽　はねるよ。　出るよ。
注意！

37ページ　司（くち）
はねる
読み方：シ／―
使い方：司書・司会／行司・上司
5画

38ページ

辞 からい

辞

立てる 上を長く

読み方
ジ
（やめる）

使い方
漢字辞典・辞書
式辞・お世辞

辞辞辞辞辞辞辞辞辞辞辞辞辞

13画

漢字の意味

漢字の意味。
「辞」には、いろいろな意味があるよ。
①言葉や文章。 例 辞書・辞典
②ことわる。やめる。 例 辞退・辞職

38ページ

典 は

典

長く とめる

読み方
テン
—

使い方
漢字辞典・典型的
古典・百科事典

典典典典典典典典

8画

注意！

同じ読み方の言葉。
辞典…言葉を集めて説明したもの。 例 国語辞典・漢字辞典
事典…事がらを集めて説明したもの。 例 百科事典・人名事典

38ページ

成 ほこづくり ほこがまえ

成

はじめに書く わすれない はねる

読み方
セイ・（ジョウ）
なる・なす

使い方
成功・成長
成り立ち・名を成す

成成成成成成

6画

38ページ

説 ごんべん

説

あける はねる

読み方
セツ・（ゼイ）
とく

使い方
説明・小説
理由を説く

説説説説説説説説説説説説説説

14画

38ページ

連 しんにょう しんにゅう

連

下を長く 一画

読み方
レン
つらなる・つらねる
つれる

使い方
連日・連勝・連想
山が連なる・連れて帰る

連連連連連連連連連連

10画

でき方

漢字のでき方。
連
「車」と「辶」(道)からできた漢字で、車が道を続いて進むことから、「つらなる」という意味を表すよ。

38ページ

順　おおがい

（長く・はらう・とめる）

読み方

ジュン

―

使い方

筆順・順位

順調・順番

12画

漢字の意味。

「順」には、いろいろな意味があるよ。

①したがう。　例 順法・順応

②きまったならび方。　例 順位・順番

③うまくすすむ。　例 順調・順風

漢字の意味

39ページ

訓　ごんべん

（あける・長く・はらう・とめる）

読み方

クン

―

使い方

音訓さく引

教訓・訓読み

10画

39ページ

種　のぎへん

（とめる・下を長く）

読み方

シュ

たね

使い方

種類・種目・品種

花の種

14画

41ページ

便　にんべん

（つき出さない・つき出す・はらう）

読み方

ベン・ビン

たより

使い方

便利・不便・便せん

学校からの便り

9画

41ページ

利　りっとう

（とめる・はねる）

読み方

リ

（きく）

使い方

便利・利用

勝利・不利

7画

41ページ

治　さんずい

（とめる）

読み方

ジ・チ

おさ**める**・おさ**まる**

なお**る**・なお**す**

使い方

明治・政治・全治

国を治める・病気を治す

8画

同じ読み方の漢字。

治す…「けんこうなじょうたいにする」という意味。

例 病気を治す。けがを治す。

直す…「正しくする・修正する」という意味。

例 テレビを直す。くせを直す。

注意！

ものしりメモ

「連なる・連れる」「治める・治す」など、いくつかの読み方がある漢字は、それぞれの言葉の意味や送りがなに気をつけて、正しく読んだり、書いたりできるようにしよう。

練習のワーク
話を聞いて質問しよう
漢字辞典の使い方

教科書 上34～41ページ
答え 1ページ

勉強した日　月　日

1 新しい漢字を読みましょう。

① 34ページ 別（　　）の話題になる。

② 話し合いに参加（　　）する。

③ 木の芽（　　）が出る。

④ 図しょ館の司書（　　）。

⑤ 38ページ 漢字辞典（　　）を使う。

⑥ 漢字の成（　　）り立ち。

⑦ 様子を説明（　　）する。

⑧ 連日（　　）雨がふる。

⑨ 筆順（　　）を調べる。

⑩ 音訓（　　）さく引。

⑪ いくつかの種類（　　）の花。

⑫ 便利（　　）な道具。

⑬ かぜを治（　　）す。

✿⑭ ここからはってん 父と別（　　）れる。

✿⑮ 近くの神社に参（　　）る。

✿⑯ スープにしおを加（　　）える。

✿⑰ たねが発芽（　　）する。

✿⑱ 赤ちゃんが成長（　　）する。

✿⑲ 練習の大切さを説（　　）く。

✿⑳ すずめが連（　　）なってならぶ。

✿㉑ 犬を連（　　）れる。

✿の漢字は新出漢字のべつの読み方です。

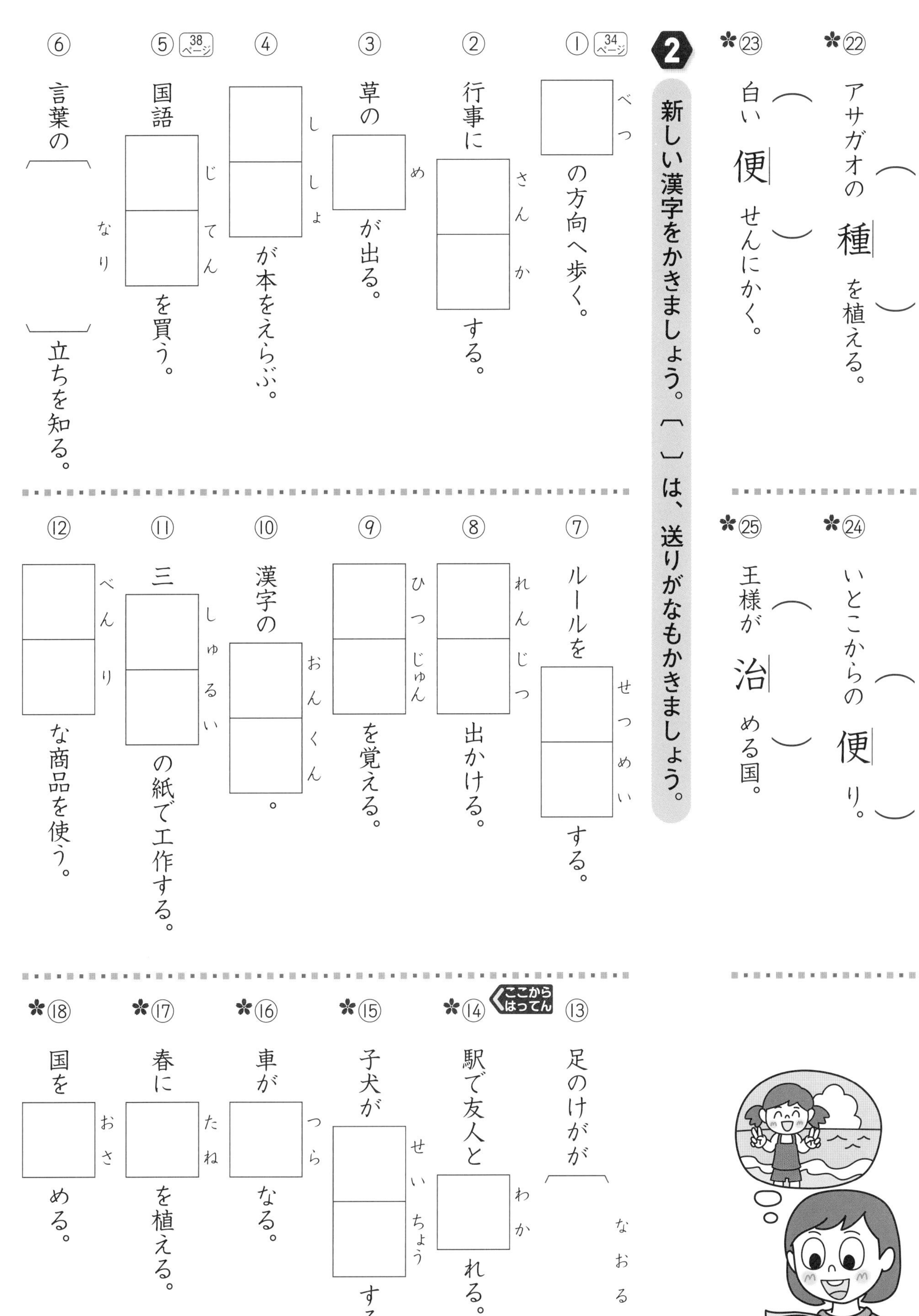

✿㉒ アサガオの（種|　）を植える。

✿㉓ 白い（便|　）せんにかく。

✿㉔ いとこからの（便|　）り。

✿㉕ 王様が（治|　）める国。

2 新しい漢字をかきましょう。〔　〕は、送りがなもかきましょう。

① 34ページ ［べつ］の方向へ歩く。

② 行事に［さんか］する。

③ 草の［め］が出る。

④ ［ししょ］が本をえらぶ。

⑤ 38ページ 国語［じてん］を買う。

⑥ 言葉の〔なり〕立ちを知る。

⑦ ルールを［せつめい］する。

⑧ ［れんじつ］出かける。

⑨ ［ひつじゅん］を覚える。

⑩ 漢字の［おんくん］。

⑪ 三［しゅるい］の紙で工作する。

⑫ ［べんり］な商品を使う。

⑬ 足のけがが〔なおる〕。

✿⑭ ここからはってん 駅で友人と［わか］れる。

✿⑮ 子犬が［せいちょう］する。

✿⑯ 車が［つら］なる。

✿⑰ 春に［たね］を植える。

✿⑱ 国を［おさ］める。

文章の組み立てをとらえよう

きほんのワーク

ヤドカリとイソギンチャク／漢字を使おう2 わたしのクラスの「生き物図かん」

教科書 上42〜61ページ

勉強した日　月　日

◆「読み方」の赤い字は教科書で使われている読みです。●はまちがえやすい漢字です。

ヤドカリとイソギンチャク

観（44ページ）
観 みる　つき出さない　はねる
読み方：カン
使い方：観察（かんさつ）・観客（かんきゃく）、観光（かんこう）・外観（がいかん）
18画

察（44ページ）
察 うかんむり　立てる　あける　はねる　×タ　下を長く　はねる
読み方：サツ
使い方：観察（かんさつ）・察知（さっち）、考察（こうさつ）
14画

験（44ページ）
験 うまへん　はじめに書く　つき出さない　点の向き　はねる　はらう
読み方：ケン・（ゲン）
使い方：実験（じっけん）・試験（しけん）、受験（じゅけん）・体験（たいけん）
18画

好（45ページ）
好 おんなへん　少し出す　とめる　はねる
読み方：コウ、このむ・すく
使い方：大好物（だいこうぶつ）・好意（こうい）・好調（こうちょう）、本を好む（この）・好き（す）な色
6画

飛（46ページ）
飛 とぶ　はねる　はらう
読み方：ヒ、とぶ・とばす
使い方：飛行機（ひこうき）・飛来（ひらい）、飛び出す（と）・鳥が飛ぶ（と）
9画

筆順に注意。
「飛」は「飛飛飛飛飛」と書くよ。はじめに上の「飞」を書いてから、次にまん中のたての線、外がわの二画、さいごに下の「飞」だよ。

注意！

関

46ページ

関　もんがまえ

（はねる・とめる）

読み方
カン
せき・かかわる

使い方
関係（かんけい）・関心（かんしん）
関所（せきしょ）・動物に関（かか）わる仕事

14画

博

46ページ

博　じゅう

（わすれない・はねる・とめる）

読み方
ハク・（バク）
――

使い方
博士（はくし）・博学（はくがく）・博物館（はくぶつかん）

12画

結

49ページ

結　いとへん

（上を長く・はらう・とめる）

読み方
ケツ
むすぶ
（ゆう）（ゆわえる）

使い方
結果（けっか）・結局（けっきょく）
結（むす）び付（つ）き・糸を結（むす）ぶ

12画

果

49ページ

果　き

（下まで一画・はらう・とめる）

読み方
カ
はたす・はてる
はて

使い方
結果（けっか）・果実（かじつ）
役目を果（は）たす

8画

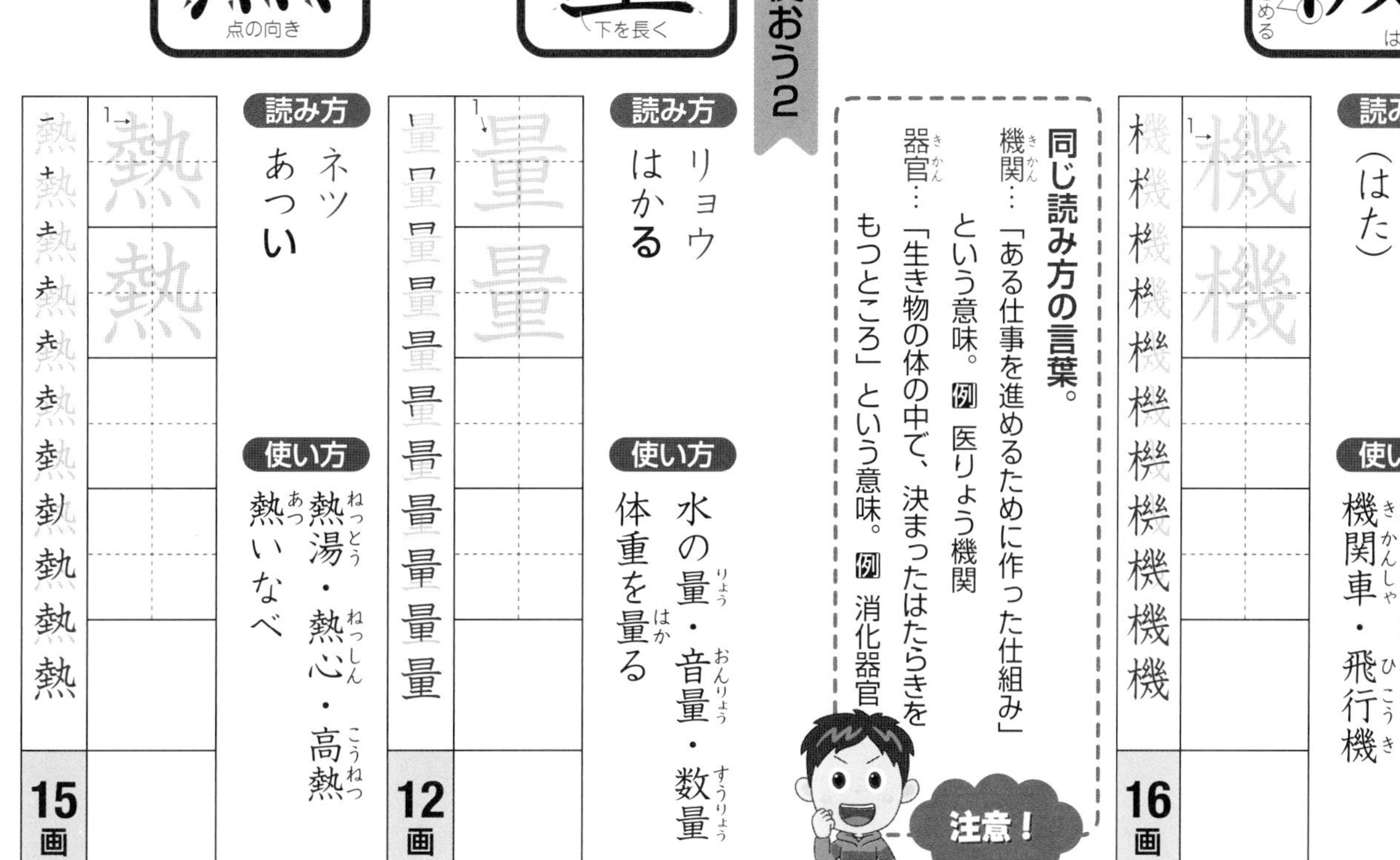

機

49ページ

機　きへん

（わすれない・とめる・はねる）

読み方
キ
（はた）

使い方
機会（きかい）・機械（きかい）
機関車（きかんしゃ）・飛行機（ひこうき）

16画

同じ読み方の言葉。

機関（きかん）…「ある仕事を進めるために作った仕組み」という意味。例 医りょう機関

器官（きかん）…「生き物の体の中で、決まったはたらきをもつところ」という意味。例 消化器官

漢字を使おう2

量

53ページ

量　さと

（長く・下を長く）

読み方
リョウ
はかる

使い方
水の量（りょう）・音量（おんりょう）・数量（すうりょう）
体重を量（はか）る

12画

熱

53ページ

熱　れんが　れっか

（わすれない・はねる・点の向き）

読み方
ネツ
あつい

使い方
熱湯（ねっとう）・熱心（ねっしん）・高熱（こうねつ）
熱（あつ）いなべ

15画

ものしりメモ

「果」は、木に実がなっている様子を表していて、「くだもの」や「何かを行うことでできたもの」という意味を表すよ。「果実」「成果」などと使うね。

53ページ

清

さんずい 清

一番長く　はねる　とめる

読み方

セイ・（ショウ）
きよい・きよまる
きよめる

使い方

清書（せいしょ）・清流（せいりゅう）
清（きよ）い水・心が清（きよ）まる

清 清 清 清 清 清 清 清 清 清 清

11画

53ページ

漁

さんずい 漁

読み方

ギョ・リョウ
—

使い方

漁船（ぎょせん）・漁業（ぎょぎょう）・漁港（ぎょこう）
大漁（たいりょう）・漁（りょう）をする

漁 漁 漁 漁 漁 漁 漁 漁 漁 漁 漁 漁 漁 漁

14画

漢字の意味。

「漁」は、「水の中のさかなをとる」こと。
「魚」は、「さかな」のこと。
同じ「ギョ」でも意味がちがうよ。

漢字の意味

53ページ

害

うかんむり 害

立てる　はねる　一番長く

読み方

ガイ
—

使い方

害虫（がいちゅう）・害鳥（がいちょう）
公害（こうがい）・水害（すいがい）

害 害 害 害 害 害 害 害 害 害

10画

わたしのクラスの「生き物図かん」

56ページ

材

きへん 材

少し出す　とめる　はねる

読み方

ザイ
—

使い方

材料（ざいりょう）・材木（ざいもく）
取材（しゅざい）・題材（だいざい）

材 材 材 材 材 材 材

7画

60ページ

完

うかんむり 完

立てる　はねる

読み方

カン
—

使い方

完成（かんせい）・完結（かんけつ）
完勝（かんしょう）・完全（かんぜん）

完 完 完 完 完 完 完

7画

にた意味をもつ漢字。

「完」と「全」はどちらも「かけたところがない」という意味をもつよ。
完　例 完成・完了（りょう）
全　例 全体・全部

覚えよう！

読みかえの漢字

53ページ	
明（ミョウ）	明朝（みょうちょう）

特別な読み方の言葉

53	
清水	しみず

ものしりメモ　「害」は「悪」と同じ意味で、どちらも「よくないこと。わざわい」という意味があるよ。「害悪」で一つの言葉にもなるよ。

文章の組み立てをとらえよう

練習のワーク

ヤドカリとイソギンチャク／漢字を使おう2 わたしのクラスの「生き物図かん」

教科書 上42〜61ページ

答え 2ページ

勉強した日　月　日

1 新しい漢字を読みましょう。

① 42ページ 貝を（　）観察する。
② 水そうで（　）実験する。
③ タコの（　）大好物。
④ 玉が（　）飛び出す。
⑤ ヤドカリに（　）関係する本。
⑥ 医学（　）博士（し）になる。
⑦ （　）結果が分かる。

⑧ （　）機会がふえる。
⑨ 53ページ 米の（　）量をはかる。
⑩ （　）熱湯に注意する。
⑪ 記事を（　）清書する。
⑫ 身が（　）清まる。
⑬ （　）清水がわきだす。
⑭ （　）漁船に乗る。

⑮ （　）大漁の年が続く。
⑯ （　）明朝に会うやくそくだ。
⑰ （　）害虫をくじょする。
⑱ 56ページ （　）材料をさがす。
⑲ 新聞を（　）完成させる。
✿⑳ ここからはってん 赤い色を（　）好む。
✿㉑ （　）好きなものをえらぶ。

✿の漢字は新出漢字の別の読み方です。

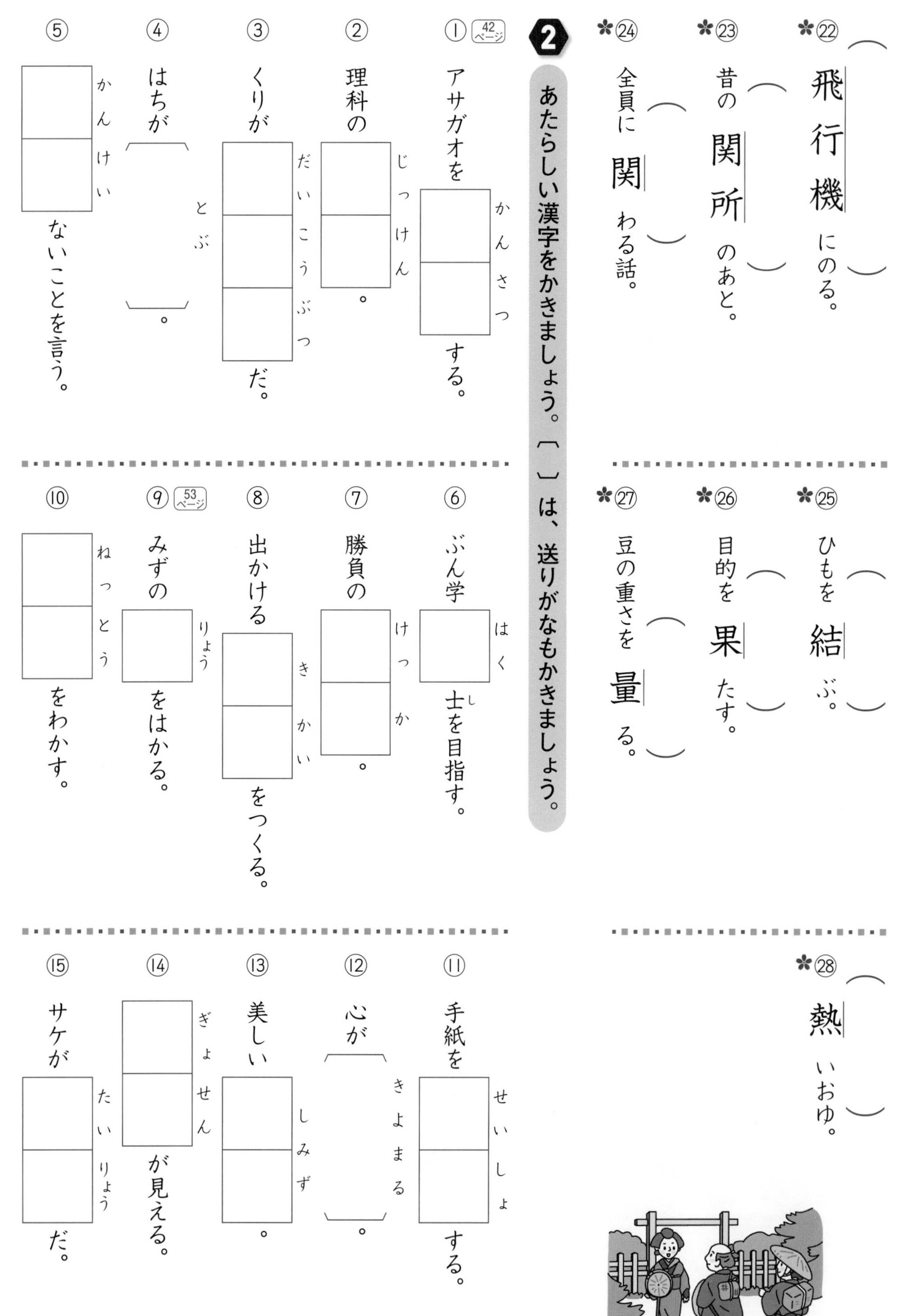

✿㉒ （飛行機にのる。）

✿㉓ 昔の（関所のあと。）

✿㉔ 全員に（関わる話。）

✿㉕ ひもを（結ぶ。）

✿㉖ 目的を（果たす。）

✿㉗ 豆の重さを（量る。）

✿㉘ （熱いおゆ。）

❷ あたらしい漢字をかきましょう。〔　〕は、送りがなもかきましょう。

① 42ページ アサガオを □□（かんさつ） する。

② 理科の □□（じっけん）。

③ くりが □□□（だいこうぶつ） だ。

④ はちが〔（とぶ）〕。

⑤ □□（かんけい） ないことを言う。

⑥ ぶん学 □（はく） 士（し）を目指す。

⑦ 勝負の □□（けっか）。

⑧ 出かける □□（きかい） をつくる。

⑨ 53ページ みずの □（りょう） をはかる。

⑩ □□（ねっとう） をわかす。

⑪ 手紙を □□（せいしょ） する。

⑫ 心が〔（きよまる）〕。

⑬ 美しい □□（しみず）。

⑭ □□（ぎょせん） が見える。

⑮ サケが □□（たいりょう） だ。

⑯ （みょうちょう）□□七時に出発する。

⑰ （がいちゅう）□□をこわがる。

⑱ 56ページ （ざいりょう）□□を買いにいく。

⑲ パズルが（かんせい）□□する。

ここからはってん

✿⑳ やさいを（この）□む。

✿㉑ （す）□きな音楽を聞く。

✿㉒ （ひこうき）□□□で帰国する。

✿㉓ （せきしょ）□□を通る。

✿㉔ リボンを（むす）□ぶ。

✿㉕ 自分のせきにんを（は）□たす。

✿㉖ 体重を（はか）□る。

✿㉗ （あつ）□いお茶を飲む。

3 漢字でかきましょう。（〰は、送りがなもかきましょう。太字は、この回で習った漢字を使った言葉です。）

① **かんさつ**の**けっか**を**きろく**する。

② **じっけん**に**かんけい**する**ほん**を**よむ**。

③ **ねっとう**の**りょう**を**はかる**。

④ **さくぶん**の**せいしょ**をする。

⑤ **みょうちょう**に**ぎょせん**に**のる**。

⑥ **あたらしい**ビルが**かんせい**する。

4 漢字を使おう

さん年生で習った漢字を書きましょう。〔　〕は、送りがなも書きましょう。

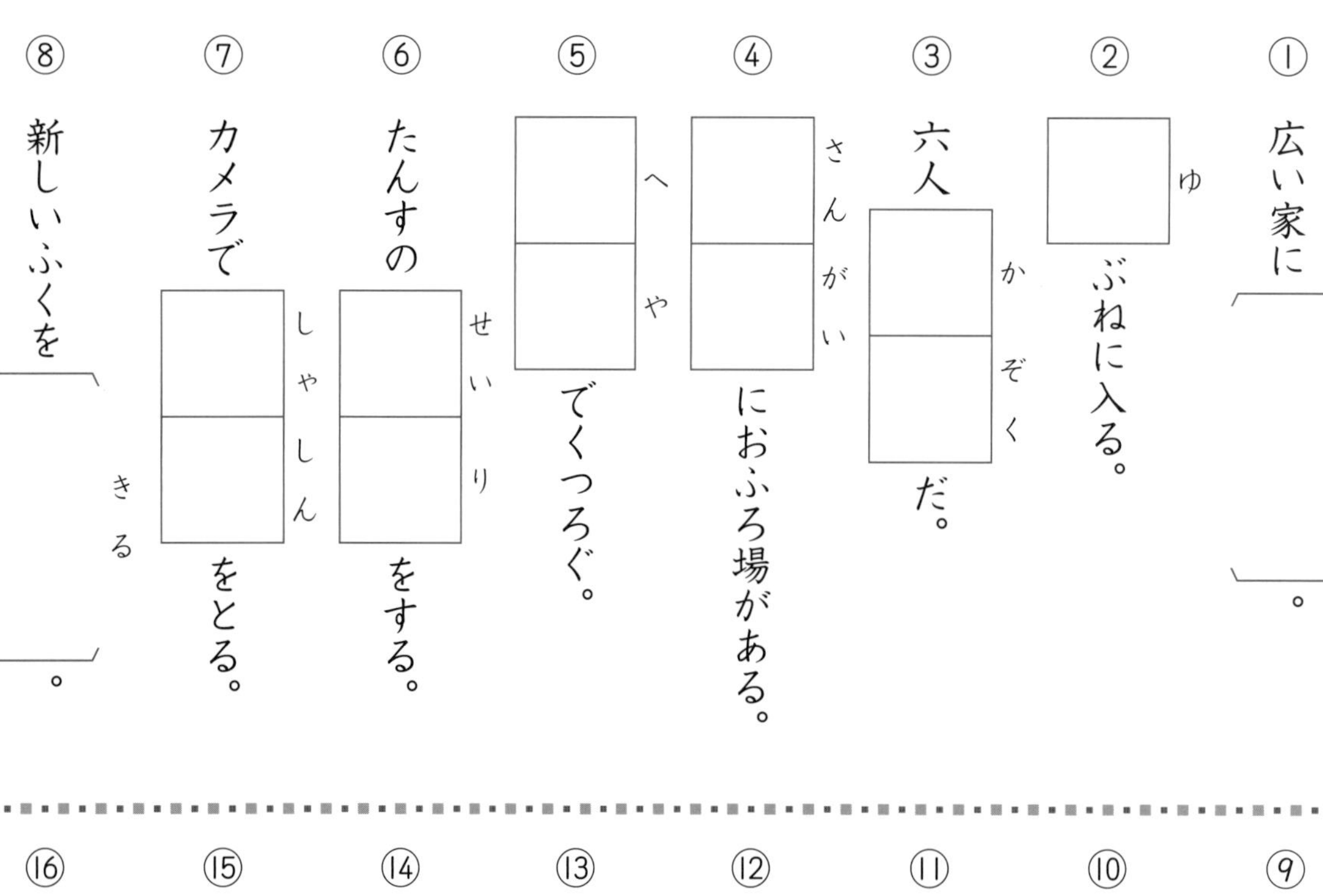

① 広い家に〔すむ〕。

② □（ゆ）ぶねに入る。

③ 六人□□（かぞく）だ。

④ □□（さんがい）におふろ場がある。

⑤ □□（へや）でくつろぐ。

⑥ たんすの□□（せいり）をする。

⑦ カメラで□□（しゃしん）をとる。

⑧ 新しいふくを〔きる〕。

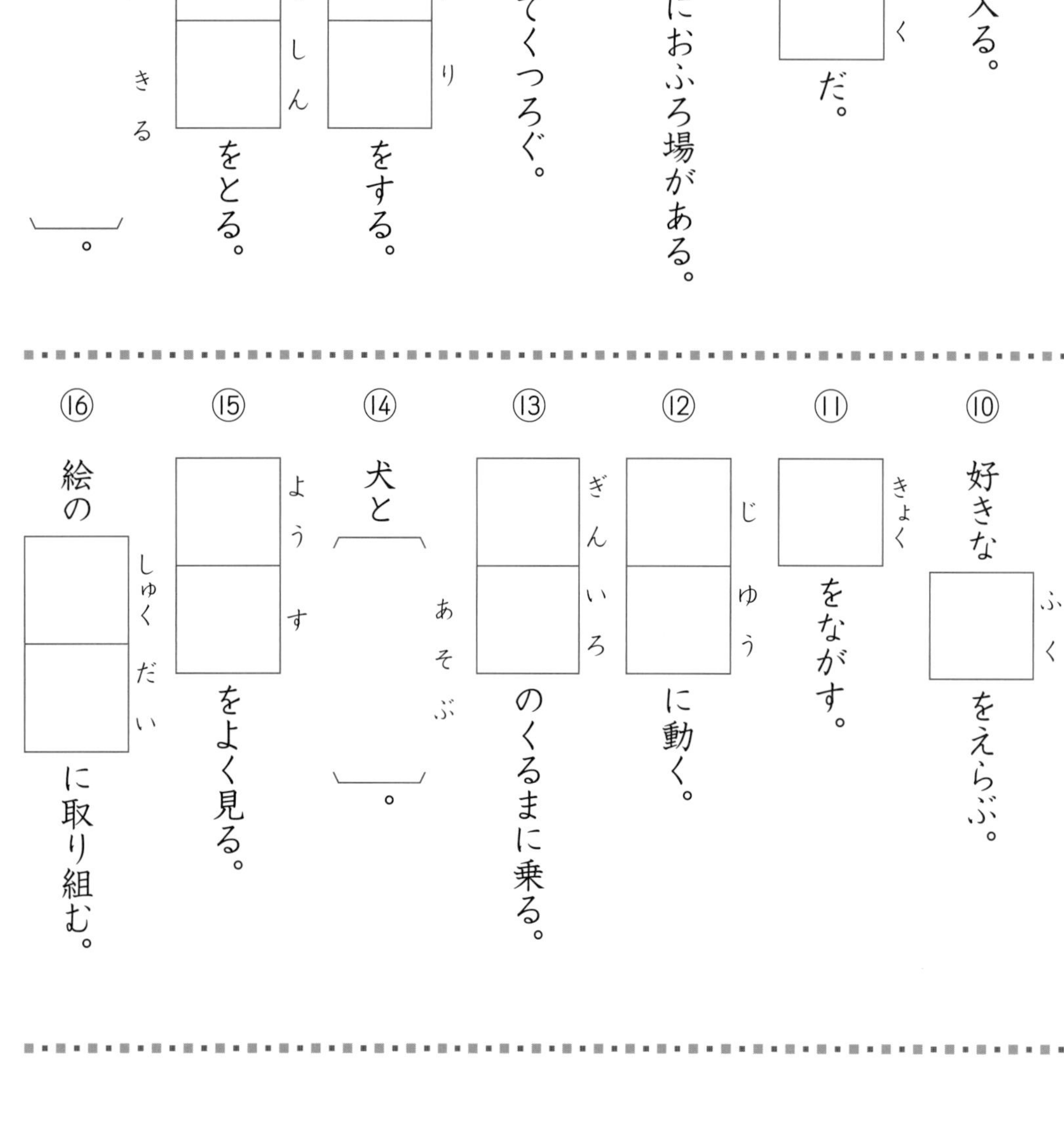

⑨ □□（しゃこ）の手入れをする。

⑩ 好きな□（ふく）をえらぶ。

⑪ □（きょく）をながす。

⑫ □□（じゆう）に動く。

⑬ □□（ぎんいろ）のくるまに乗る。

⑭ 犬と〔あそぶ〕。

⑮ □□（ようす）をよく見る。

⑯ 絵の□□（しゅくだい）に取り組む。

物語が変化する場面をとらえよう

きほんのワーク

走れ／漢字を使おう3／人物の気持ちと行動を表す言葉
山場のある物語を書こう

教科書 上62〜85ページ

勉強した日　月　日

◆「読み方」の赤い字は教科書で使われている読みです。はまちがえやすい漢字です。

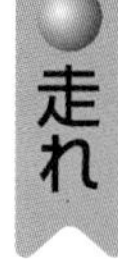

走れ

66ページ
約　いとへん
読み方：ヤク
使い方：約束（やくそく）・約百人（やくひゃくにん）・要約（ようやく）・予約（よやく）
9画

漢字のでき方。
約
「糸」とひきしめるという意味の「勺」からできた漢字だよ。「糸でひきしめ、まとめる」という意味を表すよ。

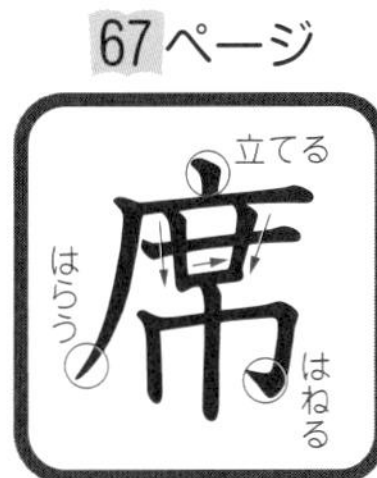

66ページ
束　き
読み方：ソク・たば
使い方：約束（やくそく）・結束（けっそく）・花束（はなたば）・新聞を束（たば）ねる
7画

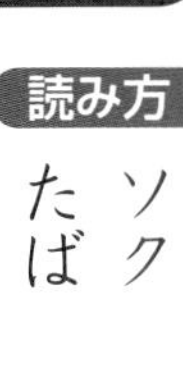
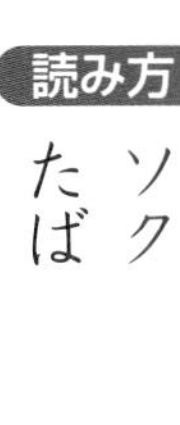

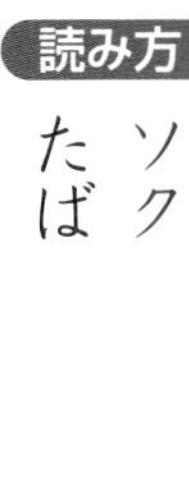

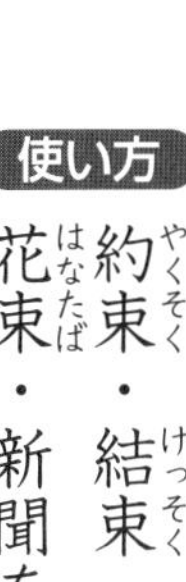

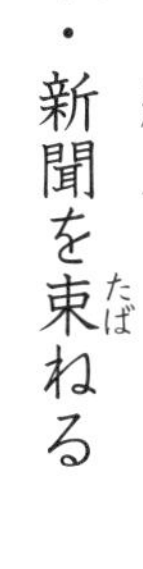

67ページ
席　はば
読み方：セキ
使い方：保護者席（ほごしゃせき）・客席（きゃくせき）・出席（しゅっせき）
10画

67ページ
位　にんべん
読み方：イ・くらい
使い方：二位（にい）・単位（たんい）・十の位（くらい）・位（くらい）が上がる
7画

68ページ
笑　たけかんむり
読み方：（ショウ）・わらう・（えむ）
使い方：母が笑（わら）う・笑（わら）い声（ごえ）・大笑（おおわら）い
10画

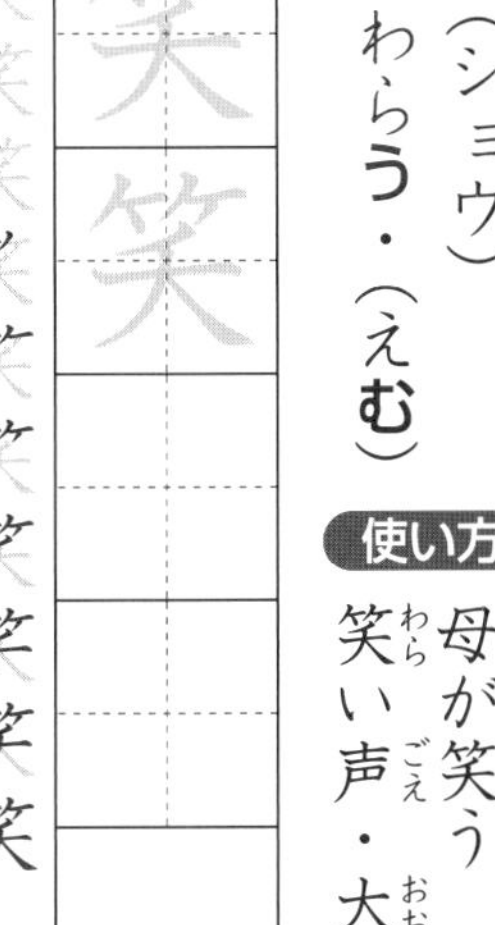

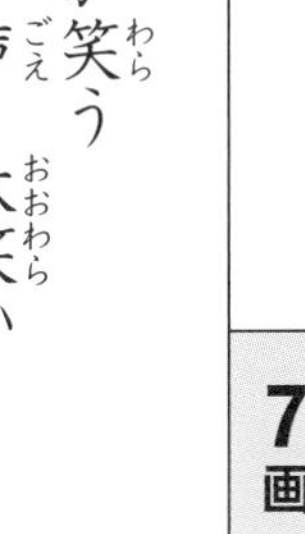

特

68ページ

特 うしへん

読み方

トク
―

使い方

特製(とくせい)・特集(とくしゅう)
特長(とくちょう)・特定(とくてい)

10画

焼

68ページ

焼 ひへん

読み方

(ショウ)
やく・や**ける**

使い方

あつ焼(や)きたまご
魚が焼(や)ける

12画

競

70ページ

競 たつ

読み方

キョウ・ケイ
(きそ**う**)(せ**る**)

使い方

競技(きょうぎ)・競泳(きょうえい)・競争(きょうそう)
競馬(けいば)・競輪(けいりん)

20画

初

74ページ

初 かたな

読み方

ショ
はじ**め**・はじ**めて**
はつ・(うい)(そ**める**)

使い方

初日(しょにち)・月の初(はじ)め
初(はじ)めて会う・初雪(はつゆき)

7画

旗

74ページ

旗 かたへん

立てる
下を長く
はねる
とめる

読み方

キ
はた

使い方

旗手(きしゅ)・国旗(こっき)
旗(はた)をふる・旗(はた)をあげる

14画

最

76ページ

最 ひらび

長く
はらう
あける

読み方

サイ
もっと**も**

使い方

最高(さいこう)・最初(さいしょ)
最(もっと)も高い山

12画

漢字を使おう3

漢字の意味。
「最」は「もっとも」「一番」「第一に」などの意味があるよ。
じゅく語には「最初、最大、最小、最高、最低(てい)」などがあり「もっとも〜」なことを表すよ。

漢字の意味

健

79ページ

健 にんべん

二画
つき出す
長くはらう

読み方

ケン
(すこ**やか**)

使い方

健康(けんこう)・健全(けんぜん)

11画

79ページ

康 まだれ

読み方
コウ
―

使い方
健康(けんこう)・小康(しょうこう)

11画

79ページ

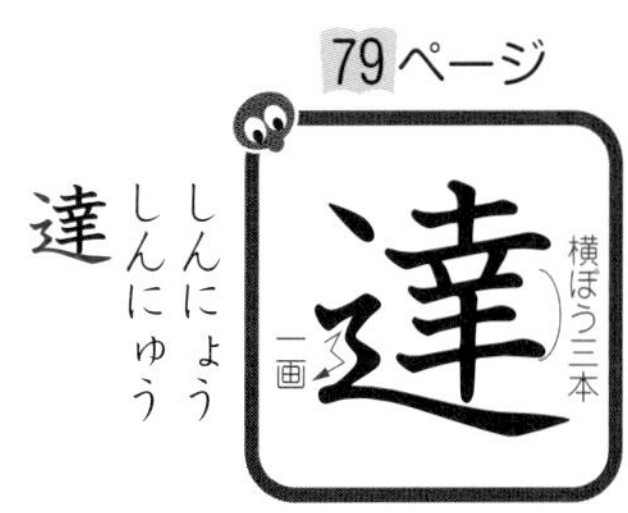

達 しんにょう しんにゅう

読み方
タツ
―

使い方
上達(じょうたつ)・達人(たつじん)・配達(はいたつ)
発達(はったつ)・目的を達(たっ)する

12画

「⻌」の付く漢字。
「⻌」(しんにょう・しんにゅう)は、道や進むことに関係のある漢字に付くよ。
「⻌」の付く漢字…運 遠 送 速 達 追 道 など。

覚えよう!

人物の気持ちと行動を表す言葉／山場のある物語を書こう

81ページ

功 ちから

読み方
コウ・(ク)
―

使い方
成功(せいこう)・功績(こうせき)
功労(こうろう)・功(こう)を立てる

5画

81ページ

敗 のぶん ぼくにょう

はらう
とめる

読み方
ハイ
やぶ**れる**

使い方
失敗(しっぱい)・勝敗(しょうはい)・敗北(はいぼく)
勝負に敗(やぶ)れる

11画

81ページ

望 つき

立てる
はねる
とめる
一番長く

読み方
ボウ・(モウ)
のぞ**む**

使い方
失望(しつぼう)・希望(きぼう)・望遠鏡(ぼうえんきょう)
幸福を望(のぞ)む

11画

漢字のでき方。
望 月を遠くからながめている様子からできた漢字だよ。
「月」の部分は、少しかたむけて書いてね。

でき方

読みかえの漢字

ページ	漢字	言葉
65	走(ソウ)	短(たん)きょり走(そう)
79	元(ガン)	元年(がんねん)
79	男(ナン)	次男(じなん)
79	赤(セキ)	赤道(せきどう)
79	半(なかば)	半(なか)ば
80	絵(カイ)	絵画(かいが)

特別な読み方の言葉

ページ	言葉	読み
65	手伝う	てつだう
85	友達	ともだち

ものしりメモ
「初」の部首は「刀」(かたな)だよ。「ネ」(ころもへん)ではないので、注意しよう。また、「ネ」を「ネ」(しめすへん)にしないように気をつけよう。

物語が変化する場面をとらえよう

練習のワーク

走れ／漢字を使おう3／人物の気持ちと行動を表す言葉／山場のある物語を書こう

教科書 上62～85ページ

答え 2ページ

勉強した日　月　日

1 新しい漢字を読みましょう。

① 62ページ お店を 手伝（　　）う。

② 短きょり 走（　　）に出る。

③ きのうの 約束（　　）。

④ 保護者（ほご） 席（　　）を見る。

⑤ 二位（　　）になる。

⑥ 母が 笑（　　）う。

⑦ 特製（せい）（　　）のお弁当（べんとう）。

⑧ あつ 焼（　　）きたまごを作る。

⑨ 競技（ぎ）（　　）が始まる。

⑩ 初（　　）めて聞いた言葉。

⑪ 運動会の 旗（　　）。

⑫ 最（　　）も変化したこと。

⑬ 79ページ 平成 元年（　　）生まれだ。

⑭ 健康（　　）に気をつける。

⑮ 歌の 上達（　　）が早い。

⑯ 次男（　　）は犬が好きだ。

⑰ 赤道（　　）の近くの国に住む。

⑱ 道 半（　　）ばであきらめる。

⑲ 80ページ 絵画（　　）のコンクール。

⑳ 計画を 成功（　　）させる。

㉑ 失敗（　　）をおそれず行動する。

㉒ 深く失望（　　　）する。

㉓ 82ページ 友達（　　　）と遊ぶ。

ここからはってん

✿㉔ 花束（　　　）をおくる。

✿㉕ 十の位（　　　）の数を言う。

✿㉖ 競馬（　　　）が行われる。

✿㉗ テストの初日（　　　）。

✿㉘ 初雪（　　　）を見る。

✿㉙ 国旗（　　　）をかかげる。

✿㉚ 最初（　　　）に名前をよぶ。

✿㉛ 相手チームに敗（　　　）れる。

✿㉜ 平和を望（　　　）む。

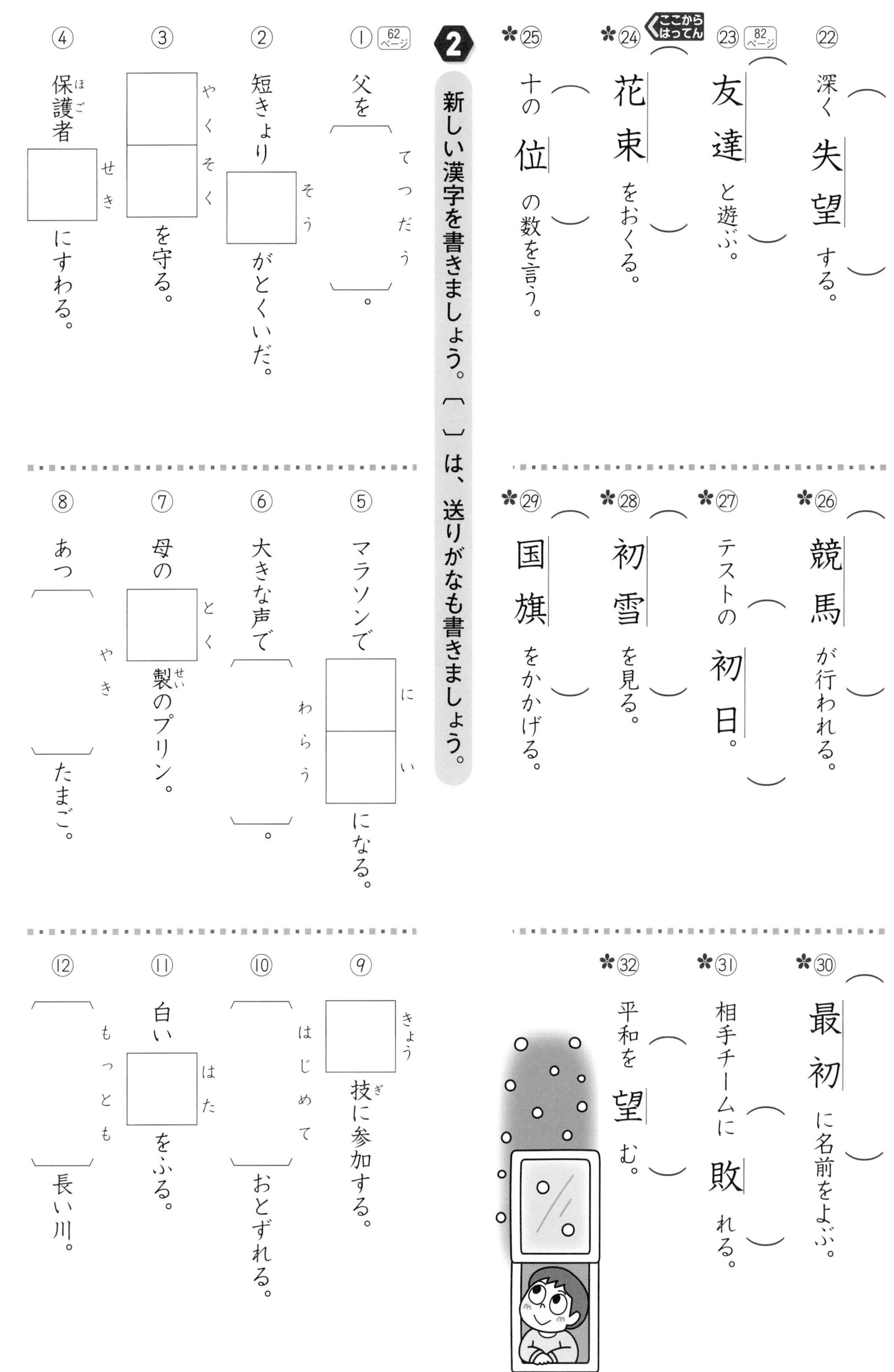

2 新しい漢字を書きましょう。〔　〕は、送りがなも書きましょう。

① 62ページ 父を〔てつだう〕。

② 短きょり□（そう）がとくいだ。

③ □□（やくそく）を守る。

④ 保護（ほご）者□（せき）にすわる。

⑤ マラソンで□□（にい）になる。

⑥ 大きな声で〔わらう〕。

⑦ 母の□（とく）製（せい）のプリン。

⑧ あつ〔やき〕たまご。

⑨ □（きょう）技（ぎ）に参加する。

⑩ 〔はじめて〕おとずれる。

⑪ 白い□（はた）をふる。

⑫ 〔もっとも〕長い川。

✿の漢字は新出漢字の別の読み方です。

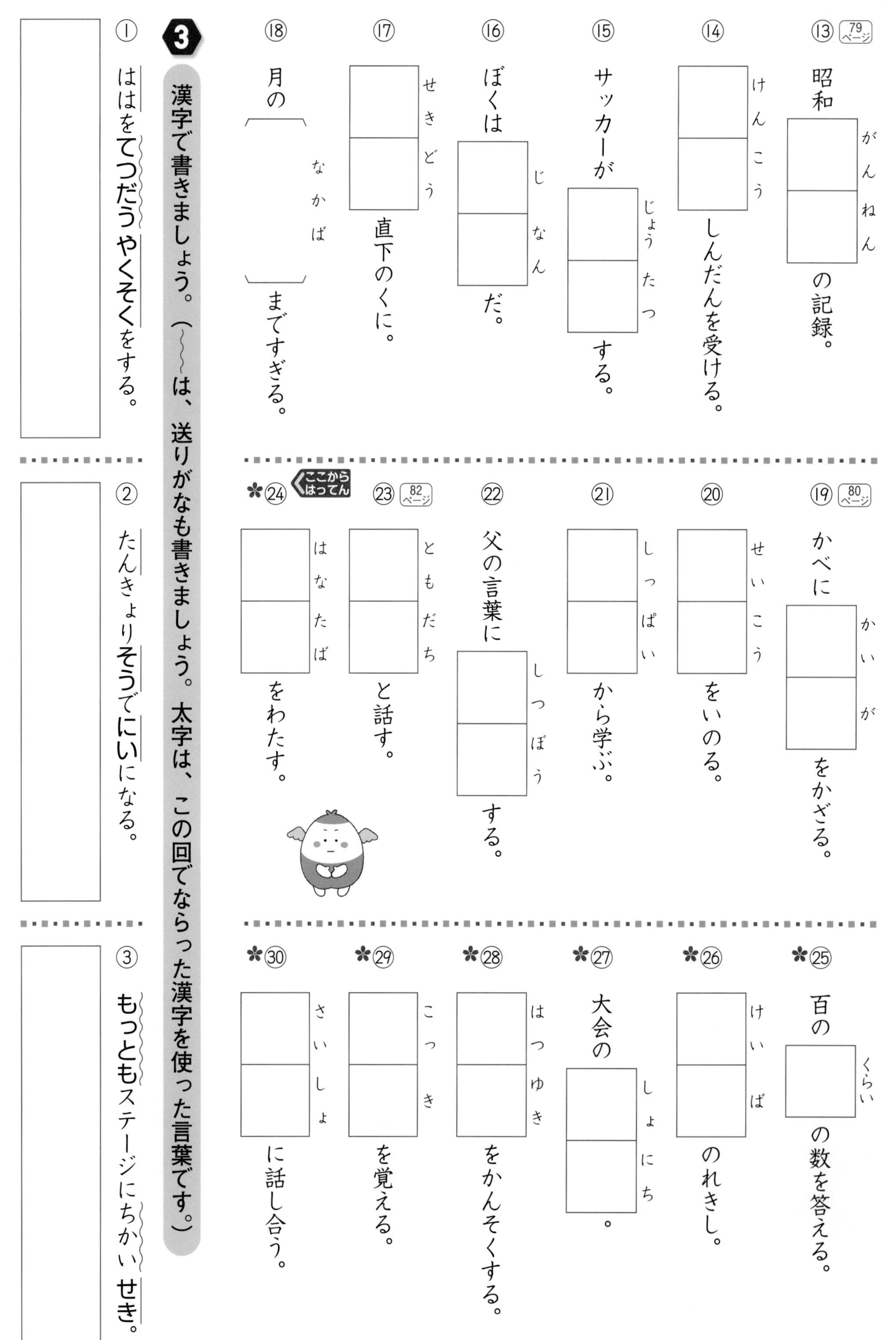

⑬ 79ページ 昭和[がんねん]の記録。
⑭ [けんこう]しんだんを受ける。
⑮ サッカーが[じょうたつ]する。
⑯ ぼくは[じなん]だ。
⑰ [せきどう]直下のくに。
⑱ 月の[なかば]まですぎる。

⑲ 80ページ かべに[かいが]をかざる。
⑳ [せいこう]をいのる。
㉑ [しっぱい]から学ぶ。
㉒ 父の言葉に[しつぼう]する。
㉓ 82ページ [ともだち]と話す。
✿㉔ ここからはってん [はなたば]をわたす。

✿㉕ 百の[くらい]の数を答える。
✿㉖ [けいば]のれきし。
✿㉗ 大会の[しょにち]。
✿㉘ [はつゆき]をかんそくする。
✿㉙ [こっき]を覚える。
✿㉚ [さいしょ]に話し合う。

3 漢字で書きましょう。(〰は、送りがなも書きましょう。太字は、この回でならった漢字を使った言葉です。)

① ははを**てつだう**やくそくをする。
② たんきょり**そう**で**にい**になる。
③ **もっとも**ステージにちかい**せき**。

④ はじめてあかちゃんがわらう。

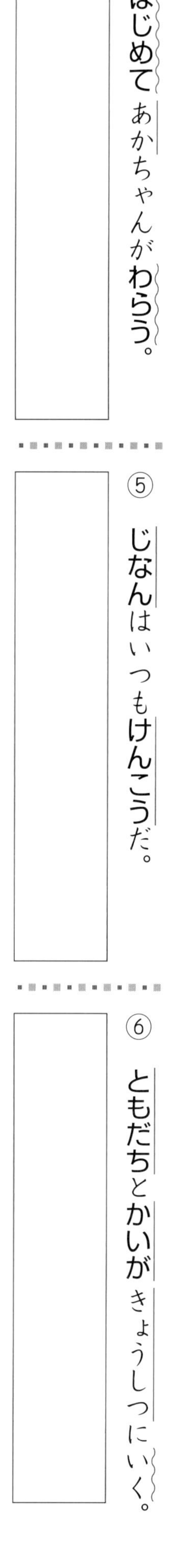

⑤ じなんはいつもけんこうだ。

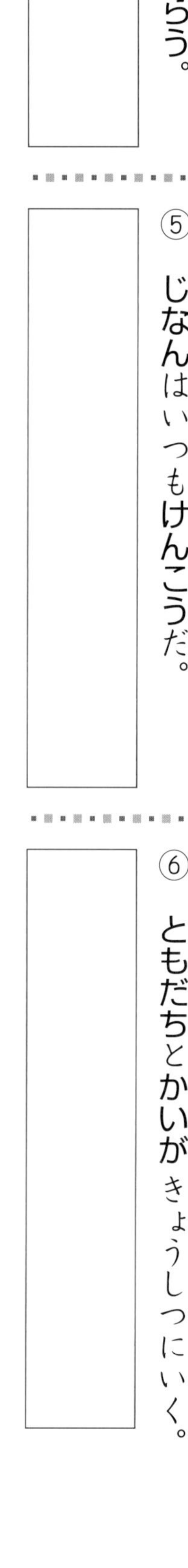

⑥ ともだちとかいがきょうしつにいく。

4 漢字を使おう

三ねん生でならった漢字を書きましょう。〔　〕は、送りがなも書きましょう。

① 毎朝〔はやおき〕をする。

② みちで〔ころぶ〕。

③ 好きな［うんどう］をする。

④ ［たいいくかん］に集まる。

⑤ プールで［いき］つぎをする。

⑥ 海で〔およぐ〕。

⑦ ボールを〔なげる〕。

⑧ しんけんに［しょうぶ］する。

⑨ バットでボールを〔うつ〕。

⑩ 先生が［ちゅうい］する。

⑪ ［わる］ふざけをする。

⑫ ダンスの［れんしゅう］をする。

⑬ ［しんたい］をきたえる。

⑭ クラスの［だいひょう］になる。

⑮ 新記録に［きたい］する。

⑯ ［はちびょう］台ではしる。

きほんのワーク

漢字を使おう4／ローマ字の書き方
広告を読みくらべよう

◆「読み方」の赤い字は教科書で使われている読みです。はまちがえやすい漢字です。

教科書 上86～100ページ

勉強した日　月　日

漢字を使おう4／ローマ字の書き方

86ページ

共（は）

下を長く／はらう／とめる

読み方：キョウ　とも

使い方：共感（きょうかん）・共通（きょうつう）・共有（きょうゆう）／生活を共（とも）にする

6画

漢字のでき方。
共
物を両手でささげ持つ様子からできた漢字だよ。両手をいっしょに使うことから、「ともに」の意味を表すよ。

でき方

86ページ

英（くさかんむり）

つき出す／長く／はらう

読み方：エイ　―

使い方：英語（えいご）・英国（えいこく）・英文（えいぶん）／和英辞典（わえいじてん）

8画

86ページ

末（き）

上を長く／はらう／とめる

読み方：マツ・（バツ）　すえ

使い方：結末（けつまつ）・週末（しゅうまつ）・年末（ねんまつ）／末（すえ）っ子（こ）・五月の末（すえ）

5画

漢字の形に注意。
末
下の横ぼうは短く書くよ。長く書くと、「未」という別の漢字になるので気をつけよう。

注意！

86ページ

愛（こころ）

はねる／はらう

読み方：アイ　―

使い方：野山を愛（あい）する／愛読書（あいどくしょ）・愛用（あいよう）・親愛（しんあい）

13画

86ページ

候　にんべん

つき出さない　わすれない　つき出す　はらう

読み方

コウ
（そうろう）

使い方

悪天候(あくてんこう)・気候(きこう)
時候(じこう)・兆候(ちょうこう)

10画

漢字の形に注意。

○ 候　× 侯

たてぼうをわすれないようにしよう。

注意！

86ページ

折　てへん

はねる　はらう　とめる

読み方

セツ
お**る**
おり・お**れる**

使い方

右折(うせつ)・えだを折(お)る
折(おり)よく・ほねが折(お)れる

7画

漢字のでき方。

右側の「斤」は「おの」を表しているよ。
「おの」で草木を切ることから、切ること、折ることという意味になったよ。

でき方

90ページ

的　しろ

読み方

テキ
まと

使い方

目的(もくてき)・具体的(ぐたいてき)
的外れ(まとはずれ)・注目の的(まと)

8画

漢字の意味。

「的」は言葉の下に付いて、「〜にかんする」「〜らしい」などの意味をくわえる働きがあるよ。たとえば「文学的」は、「文学らしい」という意味になるね。

漢字の意味

92ページ

必　こころ

読み方

ヒツ
かなら**ず**

使い方

必要(ひつよう)・必死(ひっし)
必(かなら)ず朝食をとる

5画

筆順に注意。

「必ソ义必必」と書くよ。
特に、「丿」を二画目に書くことに気をつけよう。

注意！

ものしりメモ

国の名前を、漢字一字で表すことがあるよ。「英」はイギリス、「米(べい)」はアメリカのことだよ。では、日本は何か分かるかな？　答えは、「日」だよ。

要

92ページ

要　おおいかんむり

少し出す　長く　とめる

読み方
ヨウ
かなめ・（いる）

使い方
必要（ひつよう）・要点（ようてん）・重要（じゅうよう）
そしきの要（かなめ）

9画

漢字のでき方。
「要」は、人が両手でこしをおさえている様子を表しているよ。こしは体の大切な部分であることから、「大切なところ」という意味を表すようになったよ。

でき方

印

92ページ

印　ふしづくり

はねる　とめる

読み方
イン
しるし

使い方
印刷（いんさつ）・印象（いんしょう）
目印（めじるし）・矢印（やじるし）

6画

漢字のでき方。
「人がひざまずく」様子を表す「卩」と、「手の形」を表す「𠂎」からできたよ。
人を手で上からおさえることからおさえて印をつける意味になったよ。

でき方

刷

92ページ

刷　りっとう

はらう　とめる　はねる

読み方
サツ
する

使い方
印刷（いんさつ）・刷新（さっしん）
新聞を刷（す）る

8画

選

92ページ

選　しんにょう　しんにゅう

あける　はねる　一画　下を長く

読み方
セン
えらぶ

使い方
選手（せんしゅ）・入選（にゅうせん）
クラスの委員を選（えら）ぶ

15画

漢字の形に注意。
「己」と「辶」の部分の形に気をつけよう。
どちらも三画で書くよ。

注意！

読みかえの漢字

86ページ	86
分（ブ）	風（かざ）
分（ぶ）が悪（わる）い	風車（かざぐるま）
86	87
色（シキ）	二（ふた）
色紙（しきし）	二通（ふたとお）り
90	
広（コウ）	
広告（こうこく）	

ものしりメモ
「刷」の部首は「刂」（りっとう）。はものや切ることに関係のある漢字につくよ。「刂」のつく漢字は、ほかに「別」や「列」などがあるよ。

練習のワーク

漢字を使おう4／ローマ字の書き方
広告を読みくらべよう

教科書 上86～100ページ
答え 2ページ

勉強した日　月　日

1 新しい漢字を読みましょう。

① 86ページ 友人に（　　）共感する。
② （　　）英語で話す。
③ 小説の（　　）結末。
④ こきょうを（　　）愛する。
⑤ （　　）分が悪い。
⑥ （　　）悪天候になる。
⑦ （　　）風車をもらう。

⑧ 木のえだを（　　）折る。
⑨ （　　）色紙にサインする。
⑩ 89ページ （　　）二通りの読み方がある。
⑪ 90ページ （　　）広告を作る。
⑫ （　　）目的によって使い分ける。
⑬ 計画に（　　）必要なこと。
⑭ 紙に（　　）印刷する。

⑮ 本の（　　）選び方。
✿⑯ ここからはってん 兄と（　　）共に行く。
✿⑰ わたしは（　　）末っ子だ。
✿⑱ 自動車が（　　）右折する。
✿⑲ 注目の（　　）的になる。
✿⑳ （　　）必ず見つける。
✿㉑ チームの（　　）要。

✿の漢字は新出漢字の別の読み方です。

✿㉒ 矢印を書く。（　　　）

✿㉓ ポスターを刷る。（　　　）

✿㉔ リレーの選手になる。（　　　）

2 新しい漢字を書きましょう。〔　〕は、送りがなも書きましょう。

① 86ページ 姉に□□（きょうかん）する。

② □□（えいご）を学ぶ。

③ えいがの□□（けつまつ）。

④ 子どもを□（あい）する親。

⑤ □（ぶ）がわるくてもあきらめない。

⑥ □□□（あくてんこう）がつづく。

⑦ □□（かざぐるま）を作る。

⑧ 葉っぱを〔　　　〕（おる）。

⑨ □□（しきし）によせ書きをする。

⑩ 89ページ 〔　　　〕（ふたとおり）のやり方。

⑪ 90ページ □（こう）告（こく）を読む。

⑫ □□（もくてき）を決める。

⑬ □□（ひつよう）なものを用意する。

⑭ しおりを□□（いんさつ）する。

⑮ 洋服を〔　　　〕（えらぶ）。

ここからはってん

✿⑯ □（とも）に旅に出る。

✿⑰ □（すえ）の妹と遊ぶ。

✿⑱ 右（う）□（せつ）すると家に着く。

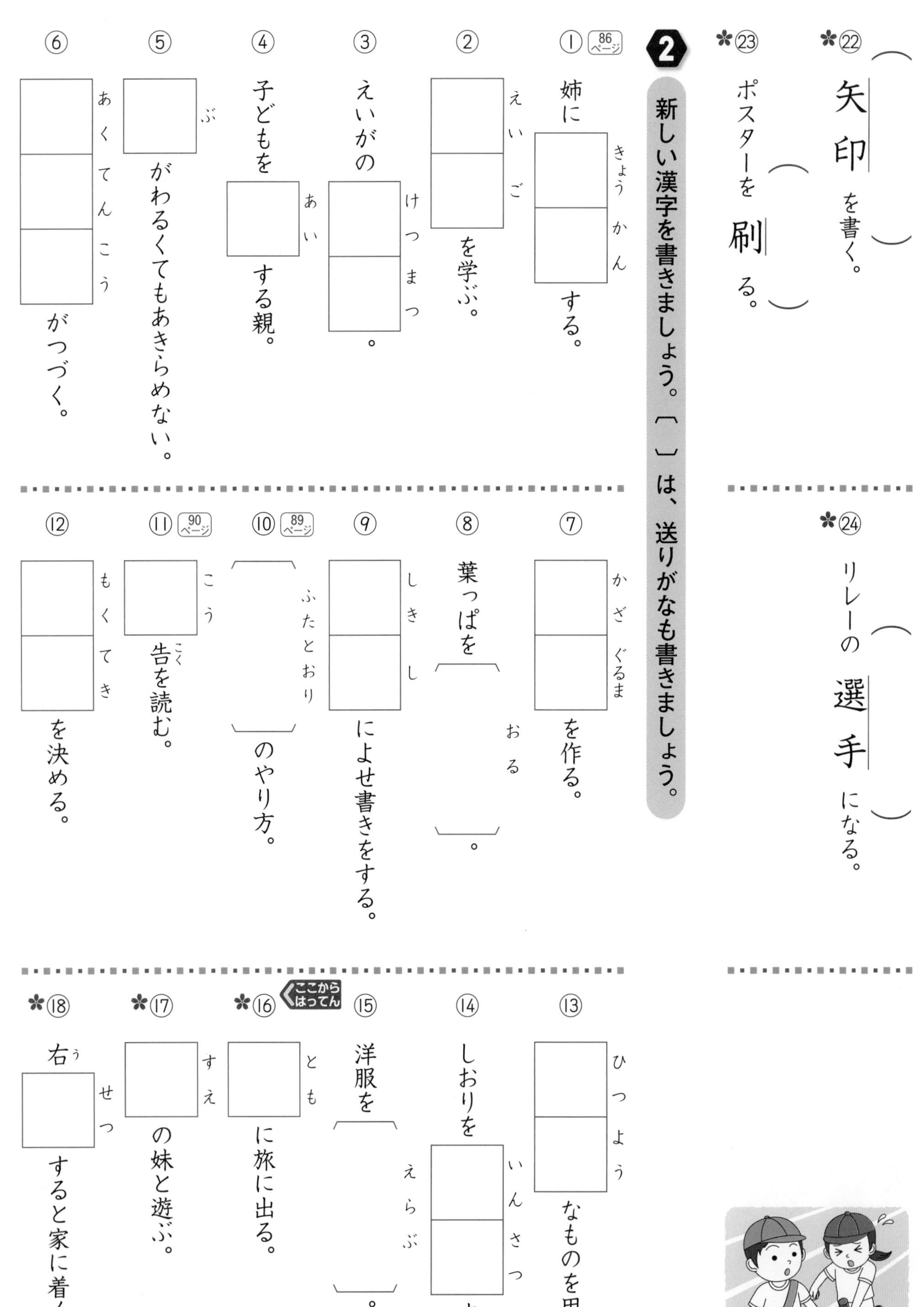

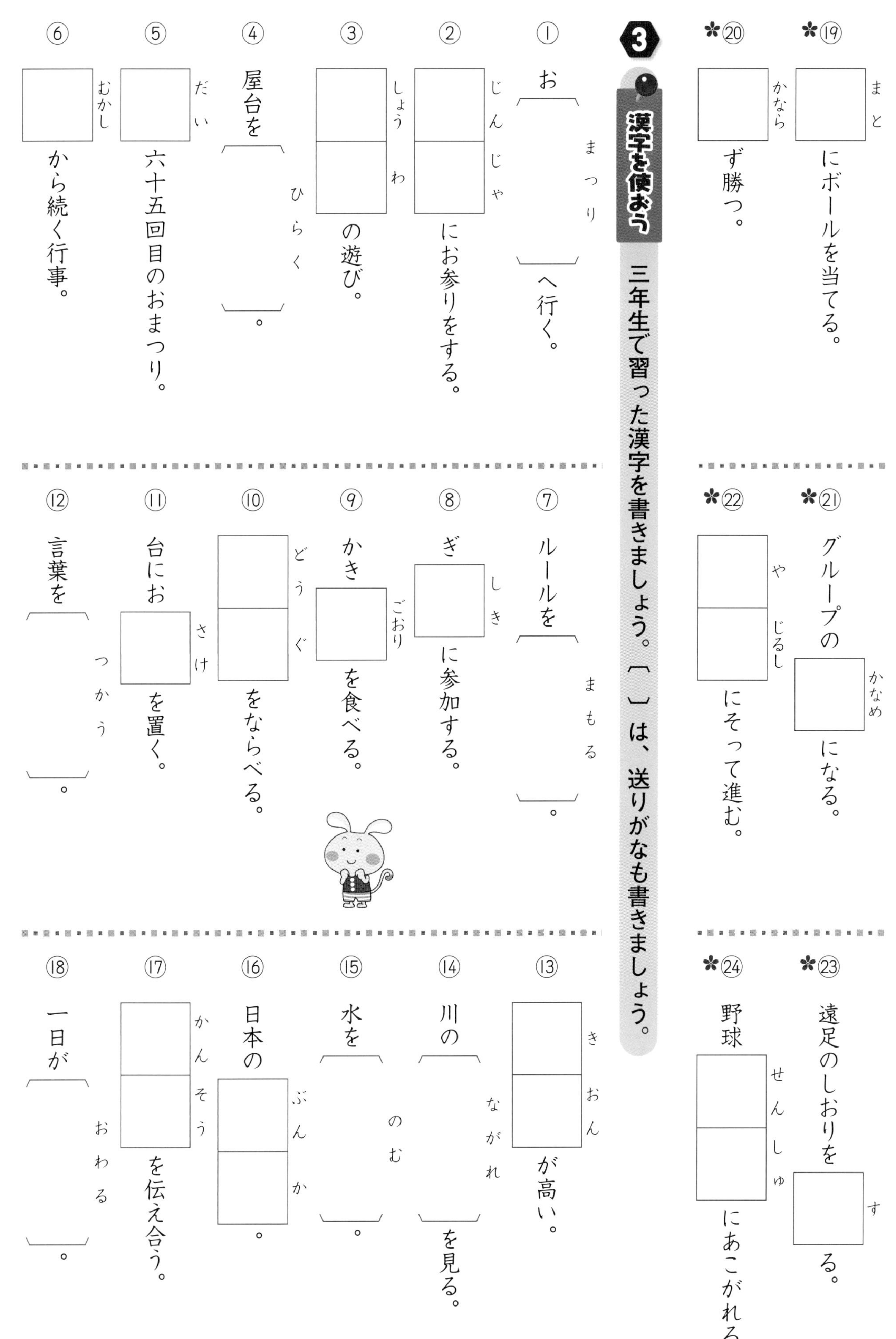

✿⑲ □（まと）にボールを当てる。

✿⑳ □（かなら）ず勝つ。

✿㉑ グループの□（かなめ）になる。

✿㉒ □□（やじるし）にそって進む。

✿㉓ 遠足のしおりを□（す）る。

✿㉔ 野球□□（せんしゅ）にあこがれる。

3 漢字を使おう

三年生で習った漢字を書きましょう。〔　〕は、送りがなも書きましょう。

① お〔まつり〕へ行く。

② □□（じんじゃ）にお参りをする。

③ □□（しょうわ）の遊び。

④ 屋台を〔ひらく〕。

⑤ □（だい）六十五回目のおまつり。

⑥ □（むかし）から続く行事。

⑦ ルールを〔まもる〕。

⑧ ぎ□（しき）に参加する。

⑨ かき□（ごおり）を食べる。

⑩ □□（どうぐ）をならべる。

⑪ 台にお□（さけ）を置く。

⑫ 言葉を〔つかう〕。

⑬ □□（きおん）が高い。

⑭ 川の〔ながれ〕を見る。

⑮ 水を〔のむ〕。

⑯ 日本の□□（ぶんか）。

⑰ □□（かんそう）を伝え合う。

⑱ 一日が〔おわる〕。

教科書 上16～100ページ
答え 3ページ

1 ――線の漢字の読み方をかきましょう。 一つ2（28点）

① <u>楽器</u>（　　）のねいろがあたりを<u>包</u>（　　）む。

② <u>働</u>（　　）く人数をふやして仕事を<u>続</u>（　　）ける。

③ <u>記録</u>（　　）をとる<u>努力</u>（　　）をする。

④ <u>資料</u>（　　）の<u>分類法</u>（　　）を考える。

⑤ <u>別</u>（　　）のグループに<u>参加</u>（　　）する。

⑥ 漢字の<u>成</u>（　　）りたちを<u>辞典</u>（　　）で調べる。

⑦ 三<u>種類</u>（　　）の薬でかぜを<u>治</u>（　　）す。

2 □は漢字を、（　）は漢字と送りがなをかきましょう。 一つ2（28点）

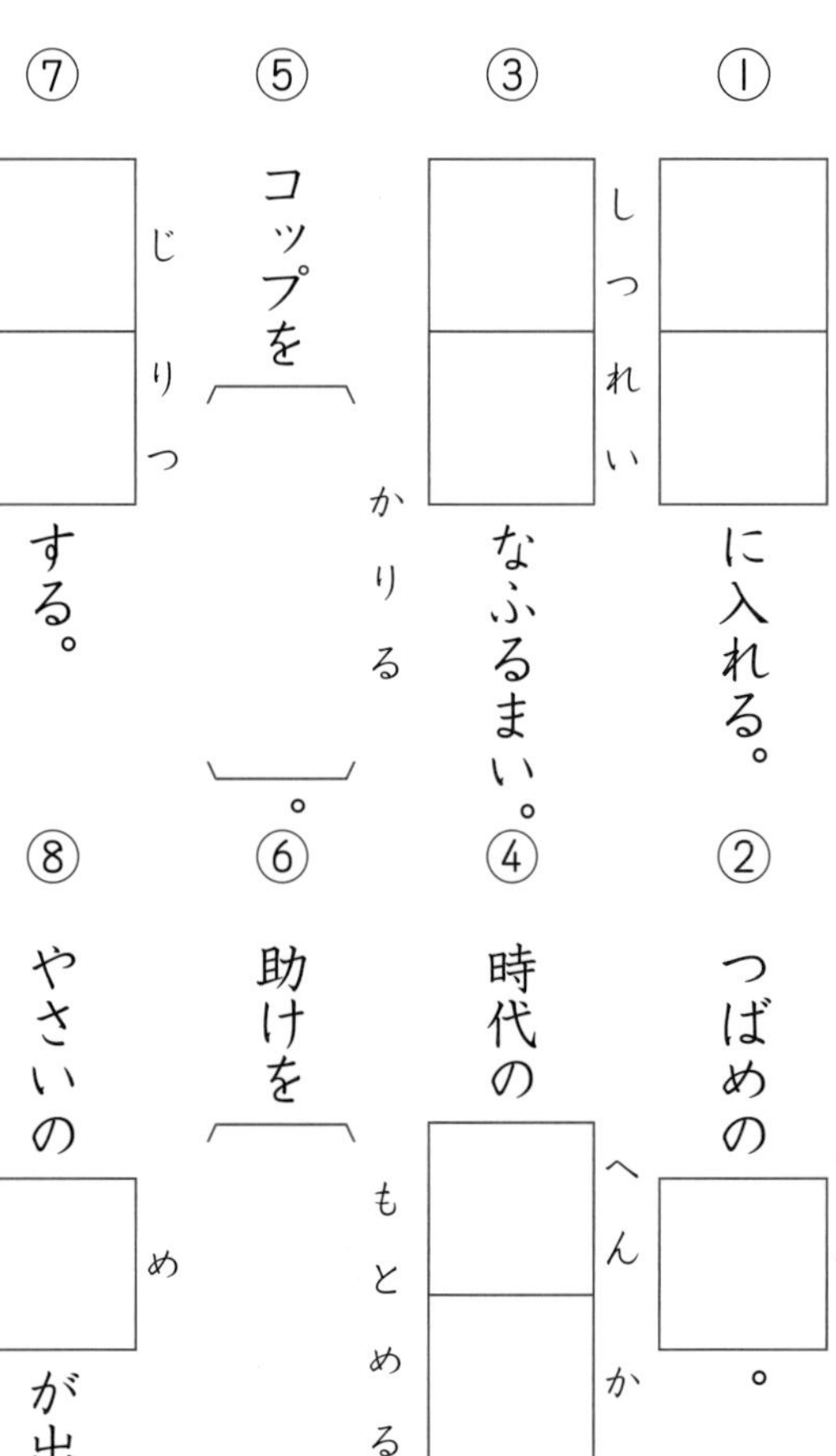

① □□（そうこ）に入れる。

② つばめの□（す）。

③ □□（しつれい）なふるまい。

④ 時代の□□（へんか）。

⑤ コップを（かりる）。

⑥ 助けを（もとめる）。

⑦ □□（じりつ）する。

⑧ やさいの□（め）が出る。

⑨ □□（ししょ）の先生。

⑩ □□（せつめい）する。

⑪ □□（れんじつ）出かける。

⑫ □□（ひつじゅん）を学ぶ。

⑬ 漢字の□□（おんくん）。

⑭ □□（べんり）な商品。

3 次の漢字の部首をア～オからえらび、記号で答えましょう。 一つ2（10点）

① 続（　　） ② 達（　　） ③ 湯（　　）
④ 働（　　） ⑤ 録（　　）

ア しんにょう　イ いとへん　ウ かねへん
エ さんずい　オ にんべん

4 次の――線の漢字の読み方をかきましょう。 一つ2（20点）

① 走
1 一生けん命に走る。（　　）
2 マラソンを完走する。（　　）

② 治
1 王が国を治める。（　　）
2 政治（せい）のことを学ぶ。（　　）

③ 元
1 子どもが元気に遊ぶ。（　　）
2 昭和元年のできごと。（　　）
3 元どおりにかたづける。（　　）

④ 初
1 年の初めに神社に行く。（　　）
2 十二月に初雪がふった。（　　）
3 本の最初のページを見る。（　　）

5 次の――線の言葉を、漢字と送りがなでかきましょう。 一つ2（10点）

① 朝早く目をさます。
② たとえばの話をする。
③ 三月のなかば。
④ ただちに家に帰る。
⑤ 本をえらぶ。

6 次の意味に合う言葉になるように、□に漢字を入れましょう。 一つ2（4点）

① 心身ともにすこやかであること。 □康
② すばらしい思いつき。 名□

夏休み まとめのテスト❷

教科書 上16～100ページ　答え 3ページ

時間 20分

とく点　　/100点

勉強した日　　月　日

1 ――線の漢字の読み方を書きましょう。　一つ2（28点）

① 理科の時間に観察（　）や実験（　）をする。

② 清書（　）して作文が完成（　）する。

③ 短きょり走（　）で二位（　）になる。

④ 特製（　）のあつ焼（　）きたまご。

⑤ 次男（　）は健康（　）に気をつけている。

⑥ 英語（　）で色紙（　）にサインする。

⑦ 必要（　）な道具を選（　）ぶ。

2 □は漢字を、〔　〕は漢字と送りがなを書きましょう。　一つ2（28点）

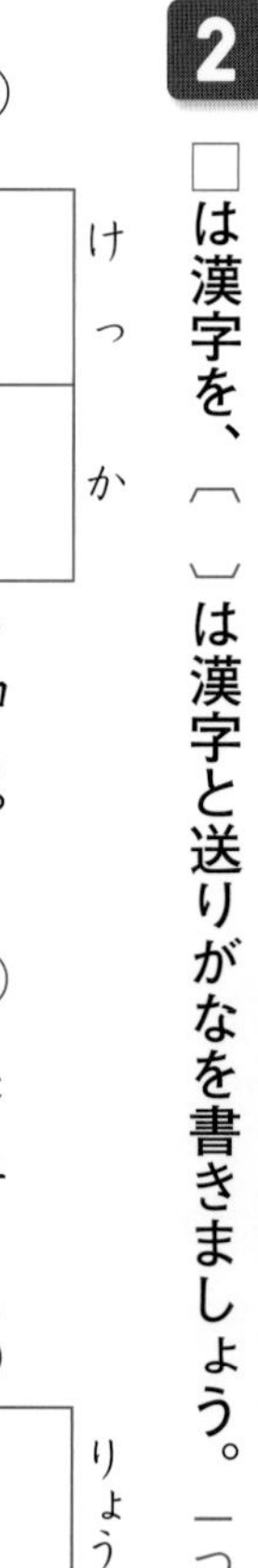

① □□（けっか）を知る。

② ジュースの□（りょう）。

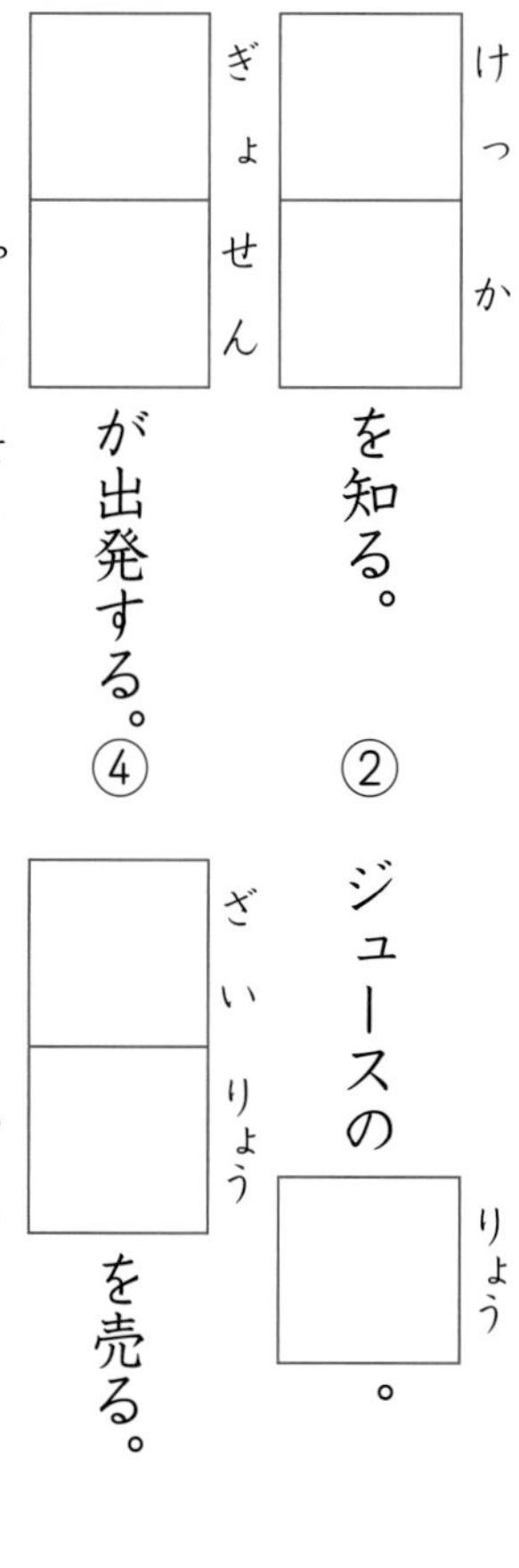

③ □□（ぎょせん）が出発する。

④ □□（ざいりょう）を売る。

⑤ 父との□□（やくそく）。

⑥ 姉が〔　　〕（わらう）。

⑦ □（はた）をふる。

⑧ 字が□□（じょうたつ）する。

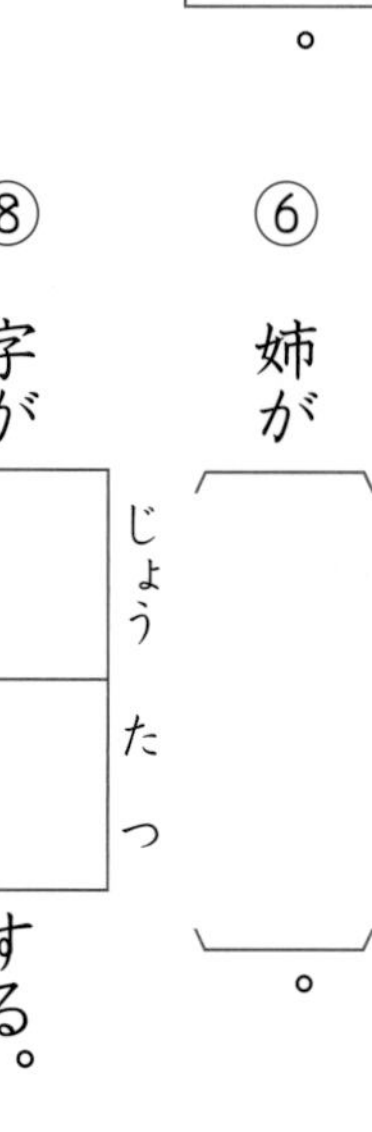

⑨ □□（しっぱい）する。

⑩ 父を□（あい）する。

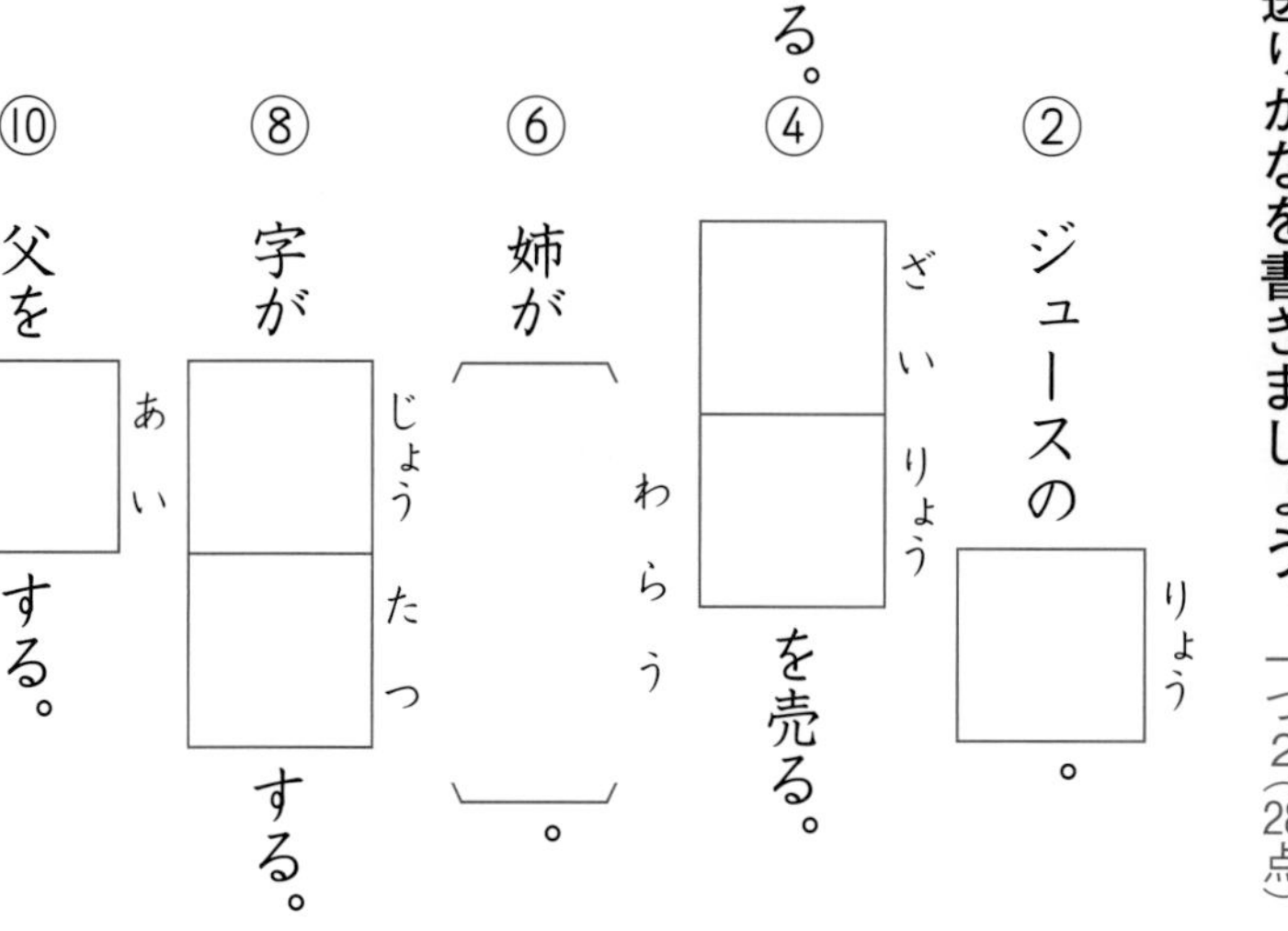

⑪ □□□（あくてんこう）だ。

⑫ 草を〔　　〕（おる）。

⑬ □□（もくてき）を定める。

⑭ 本の□□（いんさつ）。

3 次の二つの部分を組み合わせてできる漢字を□に書きましょう。　一つ1（6点）

① おんなへんと子…□
② さんずいと台…□
③ ごんべんと川…□
④ のぎへんと重…□
⑤ かたなとネ…□
⑥ うしへんと勿…□

4 次の□にあてはまる漢字を□から選び、二字のじゅく語を作りましょう。　一つ2（8点）

① □感
② □士（し）
③ □技（ぎ）
④ 成□

功　変
競　共
説　博

5 次の漢字の総画数（そうかく）を、（　）に数字で書きましょう。　一つ2（8点）

① 飛（　　）画
② 機（　　）画
③ 熱（　　）画
④ 害（　　）画

6 ――線の漢字の読みがなを書きましょう。　一つ1（6点）

① 関
1 親子の関係。（　　）
2 関所を通る。（　　）

② 最
1 最も高い山に登る。（　　）
2 最高の音楽にききほれる。（　　）

③ 望
1 望遠鏡（きょう）をのぞく。（　　）
2 望みをかなえる。（　　）

7 □に同じところを持つ漢字を書きましょう。　一つ2（16点）

①
1 温□（ど）を計る。
2 式に出□（せき）する。

②
1 会社で□（はたら）く。
2 歯車が□（うご）く。

③
1 □（むかし）の話をする。
2 かさを□（か）りる。

④
1 声の□（ろく）音。
2 新□（りょく）の季節（きせつ）。

きほんのワーク

お願いやお礼の手紙を書こう／ことわざ・故事成語を使おう／クラスで話し合って決めよう／漢字を使おう5／文の組み立てと修飾語

教科書 上116〜133ページ

勉強した日　月　日

● お願いやお礼の手紙を書こう／ことわざ・故事成語を使おう

◆「読み方」の赤い字は教科書で使われている読みです。はまちがえやすい漢字です。

116ページ
願（おおがい）
はらう　はねる　とめる
読み方：ガン　ねがう
使い方：願書・願望・悲願　お願いする・願い事
19画

117ページ
付（にんべん）
わすれない　はねる
読み方：フ　つける・つく
使い方：送付・付近・付録　後付け・きずが付く
5画

117ページ
協（じゅう）
はねる　とめる
読み方：キョウ　―
使い方：協力・協議　協定・協同組合
8画

122ページ
積（のぎへん）
一番長く　とめる　とめる　はらう
読み方：セキ　つむ・つもる
使い方：体積・面積　本を積む・雪が積もる
16画

漢字のでき方。
禾（いね）＋責（集める）
「いね」を「集め」て、「つみあげる」という意味を表すよ。

122ページ
夫（だい）
下を長く　はらう
読み方：フ・（フウ）　おっと
使い方：漁夫・夫人・農夫　やさしい夫
4画

125ページ

以 ひと

読み方 イ

使い方 以外・以下・以上
以前・以内

5画

125ページ

議 ごんべん

読み方 ギ

使い方 議題・議員
議長・会議

20画

筆順に注意。

「議」の「義」の部分は、「義 義 義 義 義 義 義 義 義 義 義 義 義」と書くよ。

「我」の部分に気をつけて書こう。

127ページ

標 きへん

読み方 ヒョウ

使い方 目標・標語
標高・標本

15画

131ページ

群 ひつじ

読み方 グン
むれる・むれ
むら

使い方 群集・犬が群れる
魚の群れ・鳥が群がる

13画

131ページ

郡 おおざと

読み方 グン

使い方 郡部・…県…郡

10画

同じ読み方で形のにている漢字。
郡（グン） 都道府県の一部分で、町村をふくむ区切り。例 郡部
群（グン） むれ。集まり。例 群集・魚群

注意！

131ページ

官
立てる
はねる
一画
下を大きく

官 うかんむり

読み方 カン

使い方 けいさつ官・消化器官
教官・高官・長官

8画

ものしりメモ 「標」の右がわの「票」の上の部分の形は「覀」だよ。「西」ではないので、気をつけて書こう。

131ページ

管　たけかんむり

読み方
カン
くだ

使い方
管楽器（かんがっき）・血管（けっかん）
管（くだ）に通す

14画

131ページ

富　うかんむり

読み方
フ・（フウ）
と**む**・とみ

使い方
貧富（ひんぷ）・豊富（ほうふ）
家が富（と）む・富（とみ）をきずく

12画

131ページ

徒　ぎょうにんべん

読み方
ト
――

使い方
徒歩（とほ）・徒労（とろう）
生徒（せいと）・徒競走（ときょうそう）

10画

131ページ

浴　さんずい

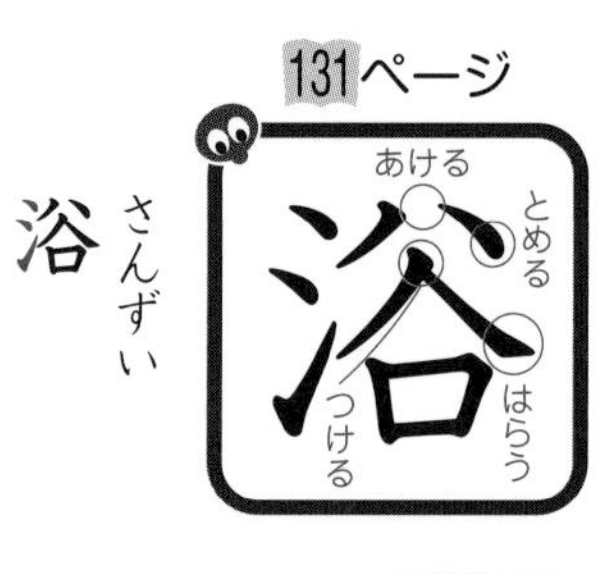

読み方
ヨク
あ**びる**・あ**びせる**

使い方
入浴（にゅうよく）・海水浴（かいすいよく）
水を浴（あ）びる

10画

133ページ

街　ぎょうがまえ　ゆきがまえ

とめる
はねる
はらう

読み方
ガイ・（カイ）
まち

使い方
街灯（がいとう）・市街地（しがいち）
街角（まちかど）・観光の街（まち）

12画

部首に注意。

○ 街　× 街

部首は「行」（ぎょうがまえ・ゆきがまえ）だよ。
部首は「彳」（ぎょうにんべん）ではないよ。

注意！

133ページ

灯　ひへん

読み方
トウ
（ひ）

使い方
街灯（がいとう）・灯台（とうだい）
消灯（しょうとう）・電灯（でんとう）

6画

漢字の意味。

灯

部首の「火」（ひへん）は火を、「丁」はろうそく立てを表すよ。
全体で「ろうそく立てに立てられた火」という意味だよ。

挙　て
133ページ

読み方
キョ
あげる・あがる

使い方
選挙（せんきょ）・挙式（きょしき）
手を挙（あ）げる

10画

注意！

同じ読み方の漢字。
挙（あ）げる…「高くしめす」という意味。
例 例を挙げる。手を挙げる。
上（あ）げる…「高い方へ動かす」という意味。
例 顔を上げる。花火を上げる。

票　しめす
133ページ

読み方
ヒョウ
—

使い方
投票日（とうひょうび）・票数（ひょうすう）
開票（かいひょう）・伝票（でんぴょう）

11画

卒　じゅう
133ページ
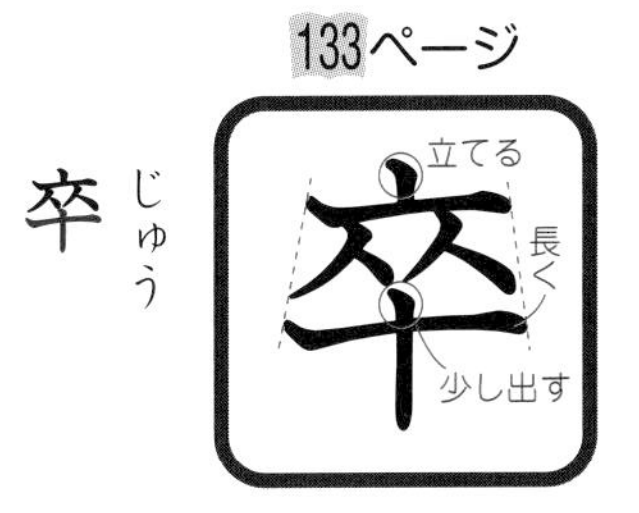

読み方
ソツ
—

使い方
卒業（そつぎょう）・卒園（そつえん）
新卒（しんそつ）・卒業式（そつぎょうしき）

8画

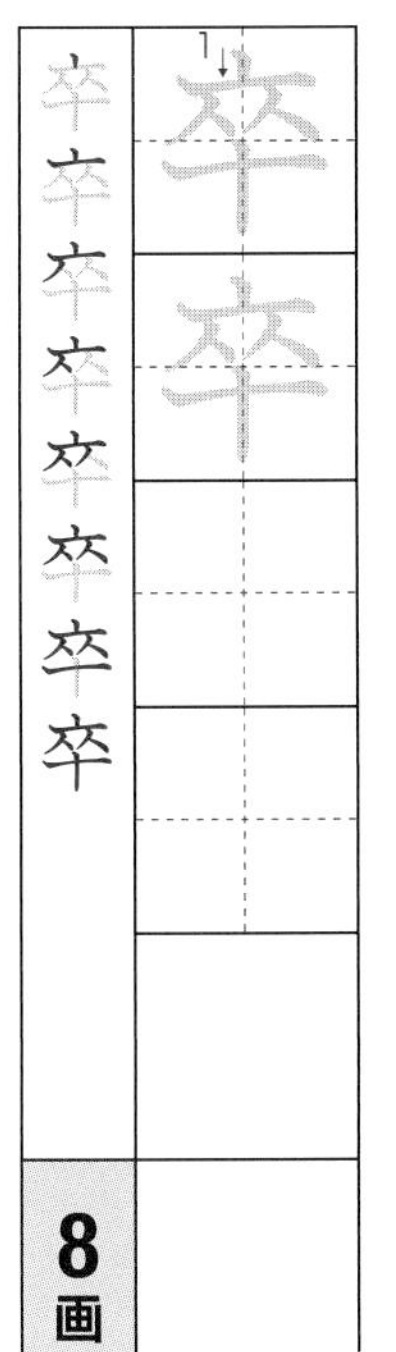
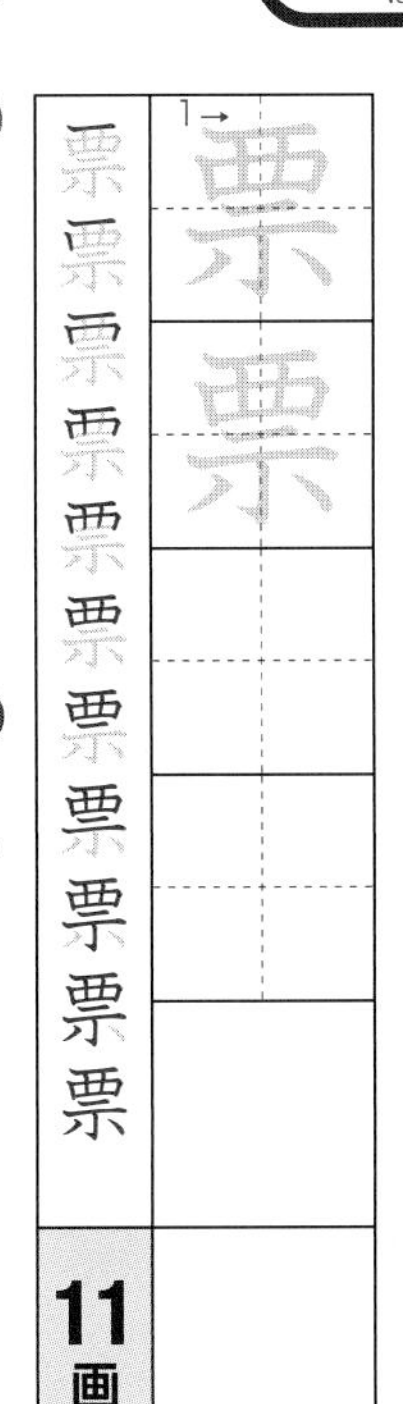
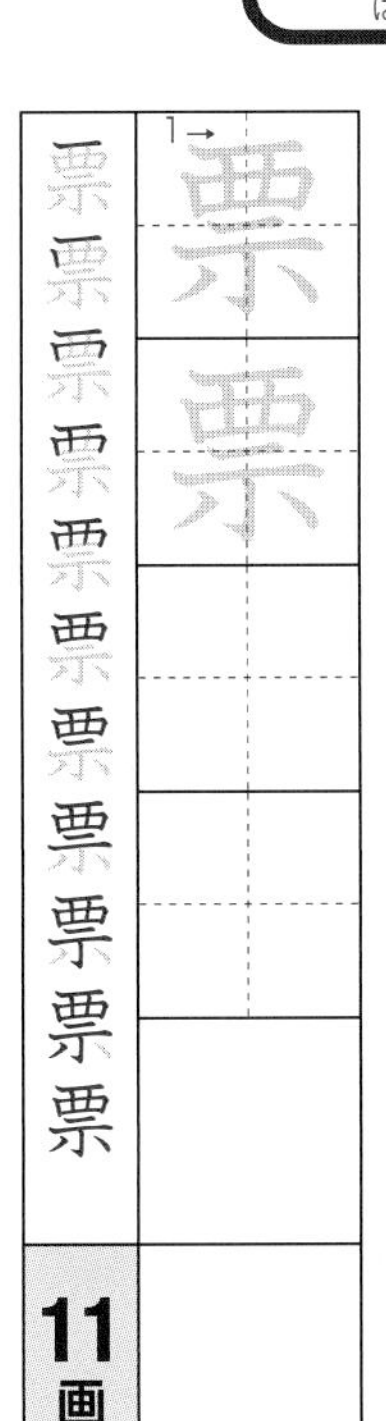

貨　かい
133ページ

読み方
カ
—

使い方
貨物船（かもつせん）・金貨（きんか）
銀貨（ぎんか）・通貨（つうか）

11画

でき方

漢字のでき方。
化…「カ」という読み方を表す部分だよ。
貝…「お金」の意味を表す部分だよ。
貨は、「品物・お金」という意味を表し、貨物・通貨などのように使うよ。

沖　さんずい
133ページ

読み方
（チュウ）
おき

使い方
沖合（おきあ）い・沖縄県（おきなわ）
船が沖（おき）に出る

7画

読みかえの漢字

122ページ	
交（まじ）わる	交（まじ）わり
131	
音（ね）	音色（ねいろ）
131	
白（しら）	白波（しらなみ）

ものしりメモ
「官」と「管」は、同じ読み方で形のにている漢字だよ。「官」には「器官・長官・外交官」、「管」には「管理・血管・土管」などのじゅく語があるよ。

練習のワーク

お願いやお礼の手紙を書こう／ことわざ・故事成語を使おう
クラスで話し合って決めよう／漢字を使おう5／文の組み立てと修飾語

教科書 上116～133ページ
答え 4ページ

勉強した日 月 日

1 新しい漢字を読みましょう。

① 116ページ お願いの手紙。（　）
② 資料を送付する。（　）
③ 研究に協力する。（　）
④ 120ページ ちりが積もる。（　）
⑤ 漁夫の利。（　）
⑥ 水魚の交わり。（　）
⑦ 124ページ 四年生以外の児童。（　）

⑧ 議題にそって話す。（　）
⑨ 目標を立てる。（　）
⑩ 131ページ 広場の群集。（　）
⑪ イワシの群れ。（　）
⑫ 郡部に住む。（　）
⑬ けいさつ官になる。（　）
⑭ 管楽器のえんそう。（　）

⑮ 楽器の音色。（　）
⑯ さいのうに富む。（　）
⑰ 徒歩五分のきょり。（　）
⑱ 海面に白波が立つ。（　）
⑲ 八時に入浴する。（　）
⑳ シャワーを浴びる。（　）
㉑ 132ページ 街灯の明かり。（　）

㉒ 会長を決める 選挙（　　）。

㉓ 投票日（　　）を伝える。

㉔ 中学校を 卒業（　　）する。

㉕ 貨物船（　　）が進む。

㉖ 沖（　　）の向こうに見える島。

ここからはってん

✿㉗ 願望（　　）を聞く。

✿㉘ 見出しを 付（　　）ける。

✿㉙ 三角形の 面積（　　）。

✿㉚ つまが 夫（　　）の帰りを待つ。

✿㉛ ゴムでできた 管（　　）。

✿㉜ 物がほう 富（　　）にある。

✿㉝ 街角（　　）の風景（ふうけい）。

✿㉞ 例を 挙（　　）げる。

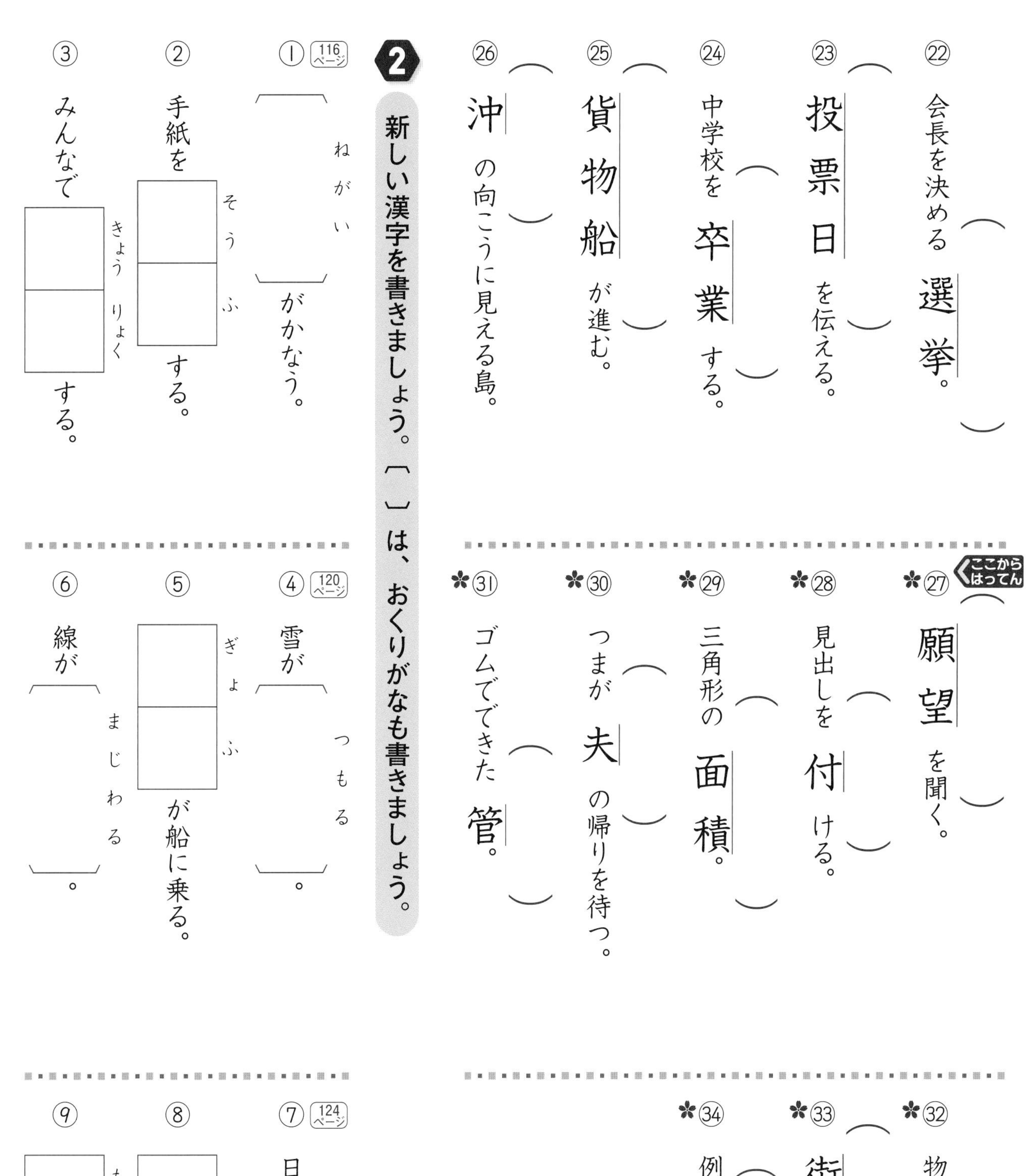

2 新しい漢字を書きましょう。〔　〕は、おくりがなも書きましょう。

① 116ページ 〔ねがい〕がかなう。

② 手紙を □□（そうふ）する。

③ みんなで □□（きょうりょく）する。

④ 120ページ 雪が〔つもる〕。

⑤ □□（ぎょふ）が船に乗る。

⑥ 線が〔まじわる〕。

⑦ 124ページ 日曜日 □□（いがい）の日。

⑧ □□（ぎだい）をあげる。

⑨ □□（もくひょう）を決める。

✿の漢字は新出漢字の別の読み方です。

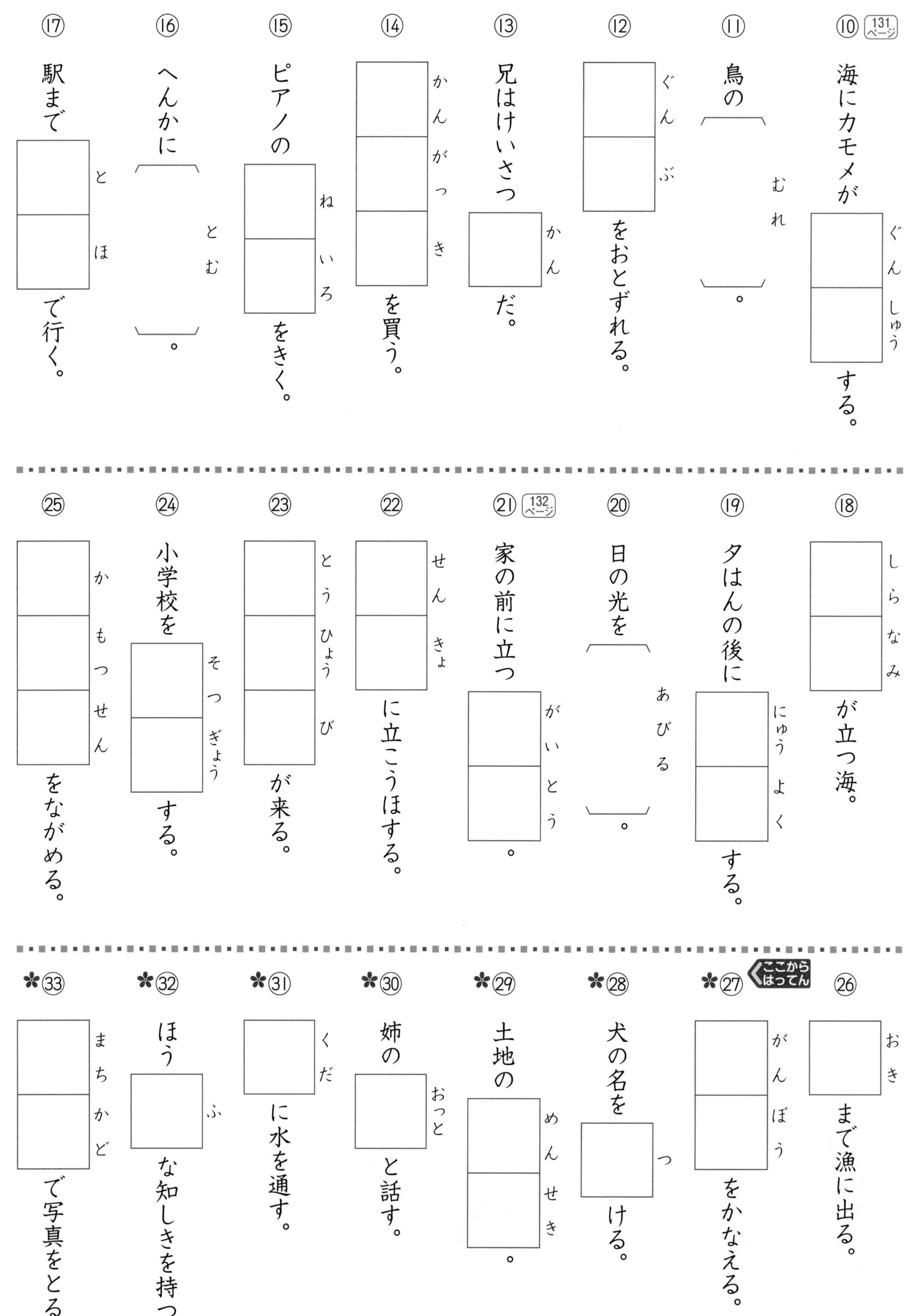

⑩ 131ページ 海にカモメが［ぐんしゅう］する。

⑪ 鳥の［むれ］。

⑫ ［ぐんぶ］をおとずれる。

⑬ 兄はけいさつ［かん］だ。

⑭ ［かんがっき］を買う。

⑮ ピアノの［ねいろ］をきく。

⑯ へんかに［とむ］。

⑰ 駅まで［とほ］で行く。

⑱ ［しらなみ］が立つ海。

⑲ 夕はんの後に［にゅうよく］する。

⑳ 日の光を［あびる］。

㉑ 132ページ 家の前に立つ［がいとう］。

㉒ ［せんきょ］に立こうほする。

㉓ ［とうひょうび］が来る。

㉔ 小学校を［そつぎょう］する。

㉕ ［かもつせん］をながめる。

㉖ ［おき］まで漁に出る。

ここからはってん

✿㉗ ［がんぼう］をかなえる。

✿㉘ 犬の名を［つ］ける。

✿㉙ 土地の［めんせき］。

✿㉚ 姉の［おっと］と話す。

✿㉛ ［くだ］に水を通す。

✿㉜ ほう［ふ］な知しきを持つ。

✿㉝ ［まちかど］で写真をとる。

✲㉞ 理由を□（あ）げる。

3 漢字を使おう

三年生で習った漢字を書きましょう。〔　〕は、送りがなも書きましょう。

① 海にうかぶ□（しま）。

② うつくしい□（みずうみ）。

③ □（たび）に出かける。

④ □（みなと）にあるビル。

⑤ □（きし）にふねを着ける。

⑥ □（はし）をわたる。

⑦ 自転車であとを〔　　（おう）　　〕。

⑧ □（なみ）がよせる。

⑨ □□（ほんしゅう）に住む。

⑩ □□（きゅうしゅう）に遊びに行く。

⑪ □□（せかい）地図。

⑫ □□□（たいへいよう）で泳ぐ。

⑬ 〔　　（ふかい）　　〕海。

⑭ □□（きてき）が鳴る。

⑮ 手旗しん□（ごう）を送る。

⑯ ふねの上の□□（しごと）。

⑰ 〔　　（きまり）　　〕を守る。

題名の持つ意味について考えよう

きほんのワーク

一つの花
漢字を使おう6

教科書 上134～147ページ

勉強した日　月　日

◆「読み方」の赤い字は教科書で使われている読みです。●はまちがえやすい漢字です。

一つの花

136ページ

戦 ほこづくり ほこがまえ（わすれない・はねる・とめる）

読み方：セン　（いくさ）　たたかう

使い方：戦争（せんそう）・作戦（さくせん）・対戦（たいせん）　悪と戦う（たたか）

13画

136ページ

争 はねぼう（つき出す・はねる）

読み方：ソウ　あらそう

使い方：戦争（せんそう）・競争（きょうそう）　勝ちを争う（あらそ）

6画

136ページ

給 いとへん（つける・はらう・はらう・とめる）

読み方：キュウ　―

使い方：配給（はいきゅう）・給食（きゅうしょく）　給水（きゅうすい）・自給自足（じきゅうじそく）

12画

137ページ

飯 しょくへん（とめる・はらう）

読み方：ハン　めし

使い方：ご飯（はん）・夕飯（ゆうはん）　にぎり飯（めし）・飯（めし）を食う

12画

形のにている漢字。

飯（しょくへん）　例 赤飯・ご飯つぶ・昼飯

板（きへん）　例 黒板・鉄板・ゆか板

坂（つちへん）　例 坂道・下り坂

注意！

139ページ

帯 はば（つき出さない・はねる）

読み方：タイ　おびる・おび

使い方：包帯（ほうたい）・熱帯（ねったい）　赤みを帯びる（お）・長い帯（おび）

10画

泣（さんずい）8画

139ページ

読み方：（キュウ）　なく

使い方：泣き顔・うれし泣き　子どもが泣く

「氵」のつく漢字。

「泣」の部首は、「氵」（さんずい）。「氵」は水に関係のある漢字につくよ。泣くときには、なみだが流れるから、「氵」がつくんだね。

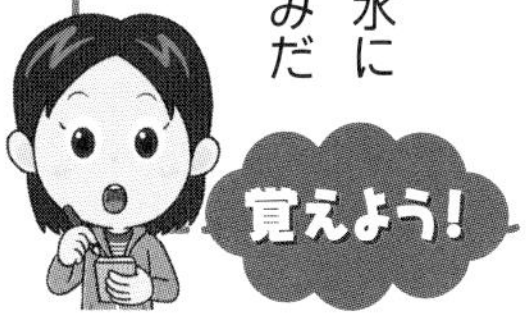

覚えよう！

軍（くるま）9画

139ページ

読み方：グン　―

使い方：軍歌・軍医・軍人　軍隊・海軍

兵（は）7画

140ページ

読み方：ヘイ・ヒョウ　―

使い方：兵隊・兵器・歩兵　兵庫県

隊（こざとへん）12画

140ページ

読み方：タイ　―

使い方：兵隊・隊列　軍隊・部隊

輪（くるまへん）15画

141ページ

読み方：リン　わ

使い方：一輪・二輪車　指輪・輪ゴム

漢字の形に注意。

「輪」の右下の部分は、「冊」だよ。横ぼうが一本、たてぼうが二本と覚えて、まちがえないように書こう。

注意！

景（ひ）12画

145ページ

読み方：ケイ　―

使い方：情景・景気・光景　風景・夜景

ものしりメモ 「帯」の訓読みには、「お(びる)」と「おび」の二つがあるよ。にた読み方でも、送りがなのあり・なしで意味がちがってくるので注意して使い分けよう。

147ページ

浅　さんずい

読み方　(セン)　あさい

使い方　浅(あさ)い川・考えが浅(あさ)い

9画

反対の意味の言葉。
「浅い」の反対は、「深い」だよ。どちらの部首も、水に関係のある漢字につく「氵」(さんずい)だね。

覚えよう!

147ページ

底　まだれ

読み方　テイ　そこ

使い方　底辺(ていへん)・海底(かいてい)　海の底(そこ)・くつの底(そこ)

8画

漢字の意味。
「底」は、「もっともひくい部分」という意味だよ。漢字の一番下にある「底」をわすれないようにね。

漢字の意味

147ページ

散　のぶん　ぼくにょう

とめる　はねる　はらう

読み方　サン　ちる・ちらす　ちらかす・ちらかる

使い方　散歩(さんぽ)・花が散(ち)る　部屋を散(ち)らかす

12画

147ページ

児　ひとあし　にんにょう

あける　はねる

読み方　ジ・(ニ)　—

使い方　児童(じどう)・育児(いくじ)・園児(えんじ)

7画

漢字のでき方。
「児」は、小さな子どものすがたをもとにしてできた漢字だよ。下の「儿」が、よちよち歩きの小さな足に見えるね。

でき方

読みかえの漢字

139ページ	147	147	147	147	147
頭(ズ)	青(セイ)	後(コウ)	形(ギョウ)	下(カ)	犬(ケン)
頭(ず)きん	青春(せいしゅん)	後半(こうはん)	人形(にんぎょう)	地下(ちか)	愛犬(あいけん)

ものしりメモ　「散」には、いろいろな意味があるよ。①ばらばらになる。②気ままにする。
(例)①散会・分散・散乱(らん)　②散歩・散策(さく)

題名の持つ意味について考えよう

練習のワーク

一つの花
漢字を使おう6

教科書 上134〜147ページ

答え 4ページ

勉強した日　月　日

1 新しい漢字を読みましょう。

① 134ページ （　）戦争が終わる。

② （　）配給のおいも。

③ ご（　）飯を食べる。

④ 防空（ぼう）（　）頭きんをかぶる。

⑤ （　）包帯をまく。

⑥ （　）泣き顔を見せる。

⑦ （　）軍歌が聞こえる。

⑧ （　）兵隊になる。

⑨ （　）一輪のコスモス。

⑩ 場面の（　）情（じょう）景。

⑪ 147ページ （　）青春の日々を思い出す。

⑫ 試合（しあい）の（　）後半。

⑬ 妹が（　）人形で遊ぶ。

⑭ （　）地下深くにある化石。

⑮ （　）浅い川で水遊びをする。

⑯ なべの（　）底をあらう。

⑰ 気が（　）散る。

⑱ 毎日（　）散歩に行く。

⑲ （　）愛犬をかわいがる。

⑳ （　）児童が学ぶ。

✿㉑ ここからはってん 相手チームと（　）戦う。

✿の漢字は新出漢字の別の読み方です。

✿㉒ 金メダルを（争う）。

✿㉓ ほおが赤みを（帯びる）。

✿㉔ 本の（帯）を作る。

✿㉕ おばは（兵庫）県に住んでいる。

✿㉖（輪）ゴムで束ねる。

✿㉗（海底）を泳ぐ魚。

2 新しい漢字を書きましょう。〔　〕は、送りがなも書きましょう。

① 134ページ [　　]（せんそう）のない世界。

② 国の[　　]（はいきゅう）を受ける。

③ ご[　]（はん）の時間になる。

④ 防空(ぼう)[　]（ず）きんの用意。

⑤ [　　]（ほうたい）を買いに行く。

⑥ 妹の〔　　〕（なき）顔。

⑦ [　　]（ぐんか）が流れる。

⑧ おもちゃの[　　]（へいたい）。

⑨ スミレを[　　]（いちりん）つむ。

⑩ 情(じょう)[　]（けい）が目にうかぶ。

⑪ 147ページ [　　]（せいしゅん）の日々。

⑫ 月の[　　]（こうはん）。

⑬ 紙で[　　]（にんぎょう）を作る。

⑭ ビルの[　　]（ちか）。

⑮ 水深の〔　　〕（あさい）場所。

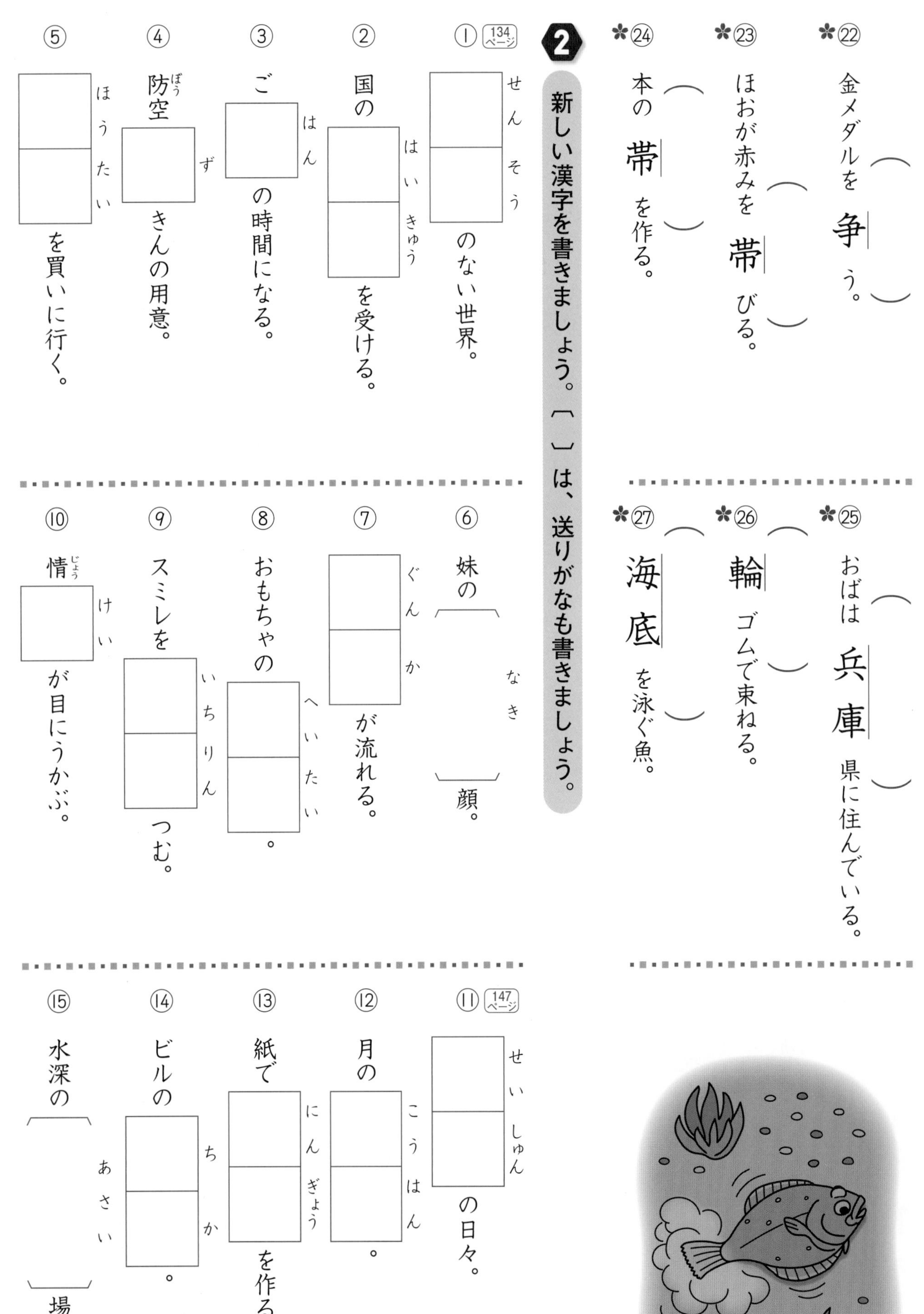

⑯ 湖の（そこ）までもぐる。

⑰ 葉が（ちる）。

⑱ 公園を（さんぽ）する。

⑲（あいけん）と走る。

⑳（じどう）会の会長になる。

✿㉑ ゲームで（たたか）う。 ここから はってん

✿㉒ てきと（あらそ）う。

✿㉓ 土が赤みを（お）びる。

✿㉔ ゆかたの（おび）。

✿㉕（ひょうご）県。

✿㉖ 手をつないで（わ）になる。

✿㉗（かいてい）にある火山。

3 漢字で書きましょう。（〰は、送りがなも書きましょう。太字は、この回で習った漢字を使った言葉です。）

① **はいきゅう**のご**はん**をわける。

② **へいたい**が**ほうたい**をまく。

③ ちいさい こどもが**なく**。

④ むかしの**ぐんか**をきく。

⑤ のはらに**いちりん**の**は**ながさく。

⑥ **じどう**があさいプールであそぶ。

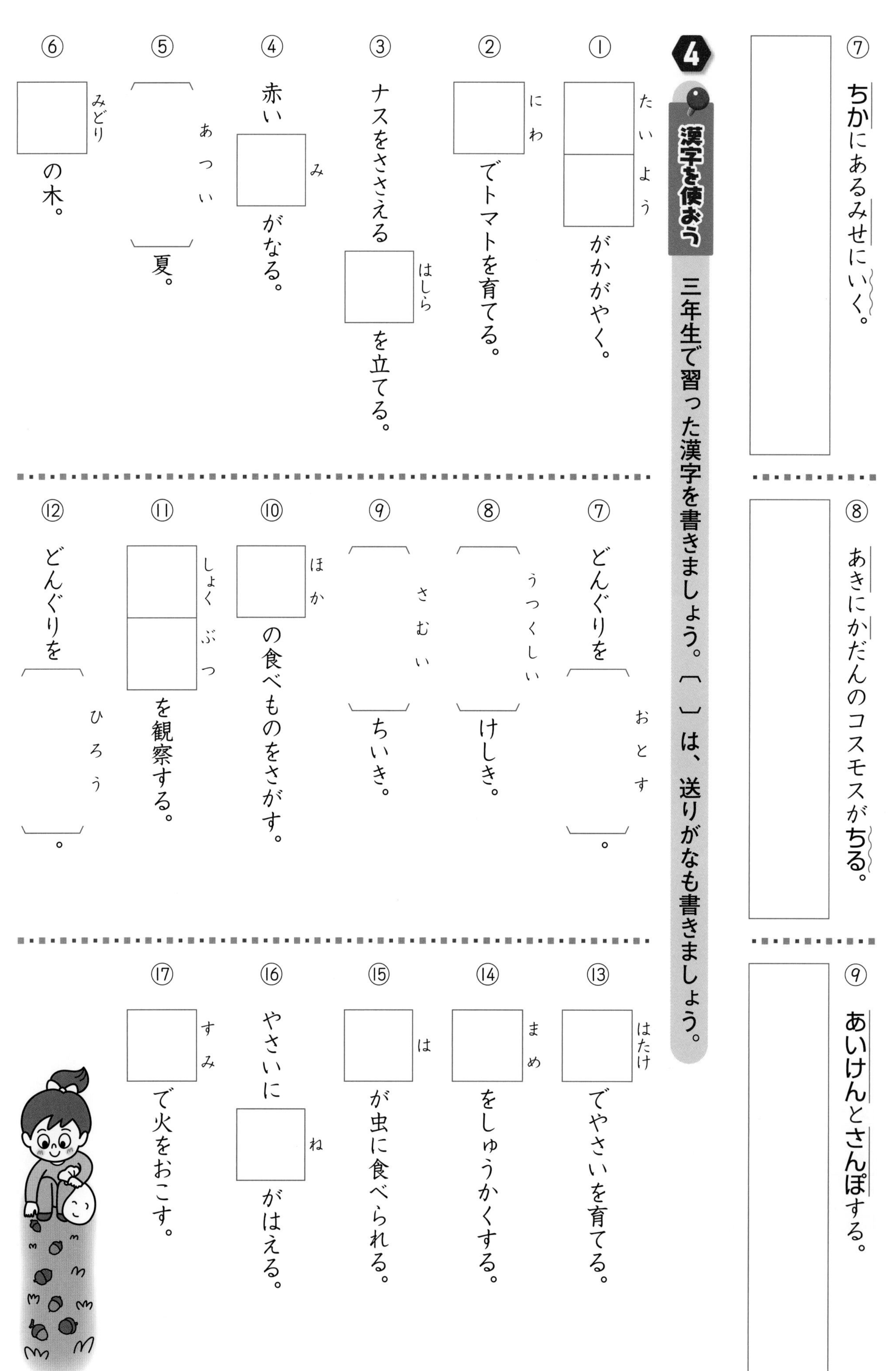

⑦ ちかにあるみせにいく。

⑧ あきにかだんのコスモスがちる。

⑨ あいけんとさんぽする。

4 漢字を使おう

三年生で習った漢字を書きましょう。〔　〕は、送りがなも書きましょう。

① □□（たいよう）がかがやく。

② □（にわ）でトマトを育てる。

③ ナスをささえる□（はしら）を立てる。

④ 赤い□（み）がなる。

⑤ 〔あつい〕夏。

⑥ □（みどり）の木。

⑦ どんぐりを〔おとす〕。

⑧ 〔うつくしい〕けしき。

⑨ 〔さむい〕ちいき。

⑩ □（ほか）の食べものをさがす。

⑪ □□（しょくぶつ）を観察する。

⑫ どんぐりを〔ひろう〕。

⑬ □（はたけ）でやさいを育てる。

⑭ □（まめ）をしゅうかくする。

⑮ □（は）が虫に食べられる。

⑯ やさいに□（ね）がはえる。

⑰ □（すみ）で火をおこす。

きほんのワーク

くらしの中の和と洋／「和と洋新聞」を作ろう つなぐ言葉

教科書 下8〜29ページ

勉強した日 月 日

◆「読み方」の赤い字は教科書で使われている読みです。はまちがえやすい漢字です。

くらしの中の和と洋

10ページ

衣（ころも 衣）

立てる　はらう

読み方：イ　（ころも）

使い方：衣食住（いしょくじゅう）・衣服（いふく）・衣類（いるい） 着衣（ちゃくい）・白衣（はくい）

6画

10ページ

置（あみがしら よこめ 置）

平たく　×四　おれる

読み方：チ　おく

使い方：位置（いち）・配置（はいち） 花びんを置（お）く

13画

漢字のでき方。

置

「あみ」を表す「罒」と「まっすぐ立てる様子」を表す「直」からできた漢字だよ。あみをまっすぐに「おく」意味を表すよ。

12ページ

差（え たくみ 差）

一番長く　つき出さない　×土　下を長く

読み方：サ　さす

使い方：時差（じさ）・点差（てんさ） 差（さ）がある・指差（ゆびさ）す

10画

13ページ

節（たけかんむり 節）

はねる

読み方：セツ・（セチ）　ふし

使い方：調節（ちょうせつ）・季節（きせつ） 節目（ふしめ）・指の節（ふし）

13画

14ページ

単（つかんむり 単）

長く　とめる

読み方：タン　―

使い方：かん単（たん）・単位（たんい） 単語（たんご）・単行本（たんこうぼん）

9画

23ページ

栄 き

栄（はねる・とめる・とめる・はらう）

読み方
エイ
さかえる
（はえ）（はえる）

使い方
栄養士・栄光
国が栄える

9画

漢字の形に注意。
○栄 ×栄 ×宋
上の部分の形に気をつけよう。

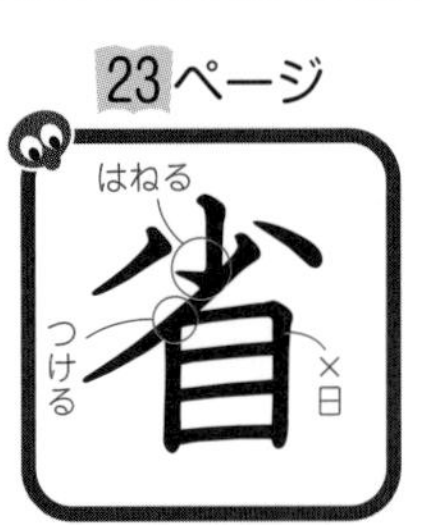

23ページ

養 しょく

養（一番長く・はらう）

読み方
ヨウ
やしなう

使い方
栄養士・養分
力を養う

15画

23ページ

塩 つちへん

塩（大きく）

読み方
エン
しお

使い方
塩分・食塩
塩をかける・塩水

13画

23ページ

無 れんが れっか

無（長く・点の向き）

読み方
ム・ブ
ない

使い方
無形文化遺産・無事
お金が無くなる

12画

漢字の意味。
「無」には、ほかの言葉に付いて、その意味を打ち消す働きがあるよ。
例 無意味・無事・無礼
ほかに「不」や「未」も打ち消しの漢字だよ。

漢字の意味

23ページ

産 うまれる

産（立てる・はらう・下を長く）

読み方
サン
うむ・うまれる
（うぶ）

使い方
無形文化遺産・生産
子馬が産まれる

11画

23ページ

省 め

省（はねる・つける・×日）

読み方
セイ・ショウ
（かえりみる）・はぶく

使い方
反省・農林水産省
説明を省く

9画

28ページ

照

れんが れっか 照

読み方 ショウ てる・てらす てれる

使い方 照明（しょうめい）・日が照（て）る 手元を照（て）らす

13画

覚えよう!

「灬」のつく漢字。

「灬」（れんが・れっか）は、「火」の形を表すことから、火に関係のある漢字につくよ。

「灬」のつく漢字…照 然 点 熱 など。

28ページ

祝

しめすへん 祝

読み方 シュク・（シュウ） いわう

使い方 祝日（しゅくじつ）・祝福（しゅくふく） お祝（いわ）い・入学を祝（いわ）う

9画

でき方

漢字のでき方。

兄（ひざまずく人）＋ネ（神）

ひざまずいて神にいのる人のすがたから、「いわう」「いのる」という意味を表すよ。

29ページ

試

ごんべん 試

読み方 シ こころみる （ためす）

使い方 試合（しあい）・試験（しけん） 説得（せっとく）を試（こころ）みる

13画

29ページ

熊

れんが れっか 熊

読み方 ― くま

使い方 熊（くま）の親子 熊手（くまで）・熊本県（くまもとけん）

14画

29ページ

鹿

しか 鹿

読み方 ― しか か

使い方 鹿（しか）の角・子鹿（こじか） 鹿（か）の子（こ）・鹿児島県（かごしまけん）

11画

読みかえの漢字

10ページ

米（べい） 欧米（おうべい）

ものしりメモ 「鹿」の中の「比」という部分は、左がわと右がわの形がちがうよ。「比」の二画目はレのように上にはね上げる形になるので、気をつけよう。

練習のワーク

くらしの中の和と洋／「和と洋新聞」を作ろう つなぐ言葉

教科書 ㊦8～29ページ　答え 4ページ

勉強した日　月　日

1 新しい漢字を読みましょう。

① 8ページ 日本の（衣食住）。
② （欧(おう)米）の文化。
③ 家具が（置）かれる。
④ 使い方に（差）がある。
⑤ （調節）をする。
⑥ かん（単）な動作。
⑦ 22ページ （栄養士(し)）になる。
⑧ 味付けに（塩）を使う。
⑨ （無形）文化（遺(い)産）。
⑩ （農林水産省）で働く。
⑪ 28ページ （照明）をつける。
⑫ （祝日）は学校が休みだ。
⑬ （試合）に勝つ。
⑭ 山に（熊）がいる。
⑮ 野生の（鹿）を見た。
✿⑯ ここからはってん 正しい（位置）。
✿⑰ 指で（差）す。
✿⑱ （節目）の多いえだ。
✿⑲ 町が（栄）える。
✿⑳ 力を（養）う。
✿㉑ （塩分）をひかえる。

✿の漢字は新出漢字の別の読み方です。

✿㉒ 無事（　　）に家に帰る。

✿㉓ 弟が産（　　）まれる。

✿㉔ 自分の言動を反省（　　）する。

✿㉕ 月が夜道を照（　　）らす。

✿㉖ たん生日を祝（　　）う。

✿㉗ 新しい方法を試（　　）みる。

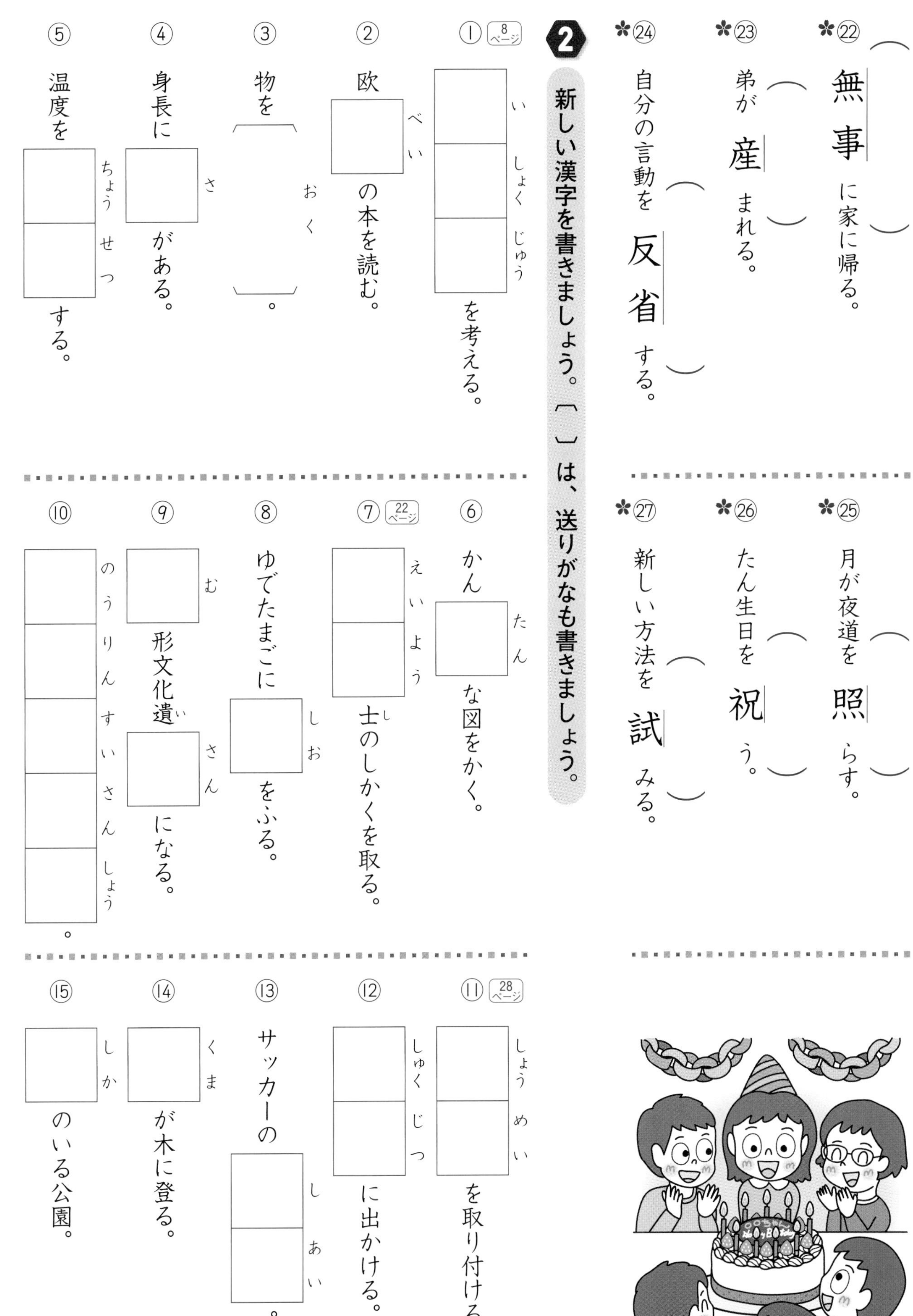

2 新しい漢字を書きましょう。（　）は、送りがなも書きましょう。

① 8ページ ［いしょくじゅう］を考える。

② 欧［べい］の本を読む。

③ 物を（おく）。

④ 身長に［さ］がある。

⑤ 温度を［ちょうせつ］する。

⑥ かん［たん］な図をかく。

⑦ 22ページ ［えいよう］士のしかくを取る。

⑧ ゆでたまごに［しお］をふる。

⑨ ［む］形文化遺［さん］になる。

⑩ ［のうりんすいさんしょう］。

⑪ 28ページ ［しょうめい］を取り付ける。

⑫ ［しゅくじつ］に出かける。

⑬ サッカーの［しあい］。

⑭ ［くま］が木に登る。

⑮ ［しか］のいる公園。

きほんのワーク 聞いてほしいな、こんな出来事 じゅく語の意味

教科書 ㊦30～35ページ

勉強した日 月 日

◆「読み方」の赤い字は教科書で使われている読みです。 はまちがえやすい漢字です。

残（31ページ）

残 かばねへん いちたへん

わすれない はねる

読み方：ザン／のこる・のこす

使い方：残暑(ざんしょ)・残念(ざんねん)／料理が残(のこ)る・食べ残(のこ)し

10画

不（31ページ）

不 いち

あける とめる

読み方：フ・ブ／―

使い方：不安(ふあん)・不満(ふまん)／不気味(ぶきみ)・不器用(ぶきよう)

4画

読み方に注意。
フ 例 不安・不便・不注意
ブ 例 不気味・不器用・不用心
読み方のちがいに気をつけよう。

注意！

冷（34ページ）

冷 にすい

×氵 つける とめる

読み方：レイ／つめたい・ひえる・ひや／ひやす・ひやかす／さめる・さます

使い方：寒冷(かんれい)・冷(つめ)たい風／水を冷(ひ)やす・熱(ねつ)が冷(さ)める

7画

低（34ページ）

低 にんべん

長く わすれない はねる

読み方：テイ／ひくい／ひくめる・ひくまる

使い方：高低(こうてい)・低地(ていち)／低(ひく)い山・音が低(ひく)まる

7画

満（35ページ）

満 さんずい

上を長く とめる はねる

読み方：マン／みちる・みたす

使い方：不満(ふまん)・満員(まんいん)・満足(まんぞく)／水を満(み)たす

12画

35ページ

未

き

未

下を長く / はらう / とめる

読み方

ミ

―

未 未 未 未 未

5画

使い方

未知（みち）・未定（みてい）

未来（みらい）・未発表（みはっぴょう）

注意！

形のにている漢字。

未（ミ）　下の横ぼうが長い。

例 未完・未満・未明

末（マツ）　下の横ぼうが短い。

例 結末・始末・年末

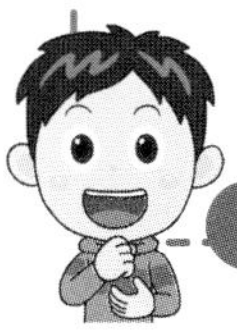

35ページ

老

おいかんむり

老

下を長く / 長くはらう / はねる

読み方

ロウ

おいる・（ふける）

老 老 老 老 老 老

6画

使い方

老木（ろうぼく）・老化（ろうか）・老人（ろうじん）

しだいに老いる（おいる）

35ページ

良

こんづくり

良

はらう

読み方

リョウ

よい

良 良 良 良 良 良 良

7画

使い方

良好（りょうこう）・良心（りょうしん）・改良（かいりょう）

そざいが良い（よい）

35ページ

陸

こざとへん

陸

はねる / 下を長く

読み方

リク

―

陸 陸 陸 陸 陸 陸 陸 陸 陸 陸 陸

11画

使い方

着陸（ちゃくりく）・陸上（りくじょう）

陸地（りくち）・大陸（たいりく）

注意！

部首に注意。

「阝」が漢字の左がわに付く（こざとへん）

例 陸 陽 など。

「阝」が漢字の右がわに付く（おおざと）

例 都 部 など。

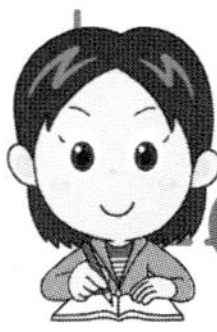

35ページ

改

のぶん / ぼくにょう

改

あける / はらう / とめる

読み方

カイ

あらためる

あらたまる

改 改 改 改 改 改 改

7画

使い方

改行（かいぎょう）・改正（かいせい）・改良（かいりょう）

日を改める（あらためる）

読みかえの漢字

35ページ	35
右（ウ）	知（チ）
右折（うせつ）	未知（みち）

35	35
父（フ）	母（ボ）
父母（ふぼ）	

35
言（ゴン）
伝言（でんごん）

ものしりメモ

「未満」と「以下」は、にた言葉だけれど、少し意味がちがうよ。例えば、「千円未満」は千円はふくまないけれど、「千円以下」は千円をふくむというちがいがあるんだ。

練習のワーク

聞いてほしいな、こんな出来事
じゅく語の意味

教科書 下30～35ページ　答え 5ページ

勉強した日　月　日

1 新しい漢字を読みましょう。

① 30ページ 心に残る出来事。
② 不安なこと。
③ 34ページ 寒冷な土地。
④ 高低のない土地。
⑤ 車が右折する。
⑥ 出来ばえに不満がある。
⑦ 未知の世界にいどむ。

⑧ 父母の名前を書く。
⑨ 老木が風でたおれる。
⑩ 良好な関係になる。
⑪ 飛行機が着陸する。
⑫ 兄からの伝言。
⑬ 文章を改行する。
✿⑭ ここからはってん 残暑がきびしい。

✿⑮ 不気味な話。
✿⑯ 水が冷たい。
✿⑰ おでこを冷やす。
✿⑱ 料理が冷める。
✿⑲ 低い山に登る。
✿⑳ バケツに水を満たす。
✿㉑ かい犬が老いる。

✿の漢字は新出漢字の別の読み方です。

✿㉒ 日本の良さ。（　　）

✿㉓ 改めて考える。（　　）

2 新しい漢字を書きましょう。〔　〕は、送りがなも書きましょう。

① 30ページ しょうこが〔のこる〕。

② □□（ふあん）なき持ち。

③ 34ページ □□（かんれい）なき候。

④ 音の□□（こうてい）に差がある。

⑤ □□（うせつ）すると学校に着く。

⑥ □□（ふまん）をもらす。

⑦ □□（みち）の出来事。

⑧ □□（ふぼ）の集まり。

⑨ さくらの□□（ろうぼく）がある。

⑩ 日当たりが□□（りょうこう）な家。

⑪ ヘリコプターの□□（ちゃくりく）。

⑫ □□（でんごん）を紙に書く。

⑬ □□（かいぎょう）して入力する。

✿⑭ ここから はってん □□（ざんしょ）を乗り切る。

✿⑮ □□□（ぶきみ）なえいぞう。

✿⑯ コップが□（つめ）たい。

✿⑰ 頭を□（ひ）やす。

✿⑱ □（ひく）い山が連なる。

✿⑲ そぼが□（お）いる。

✿⑳ 相手の□（よ）さをほめる。

✿㉑ たいどを□（あらた）める。

きほんのワーク

ごんぎつね
漢字を使おう7

教科書 ㊦36～59ページ

勉強した日　月　日

◆「読み方」の赤い字は教科書で使われている読みです。●はまちがえやすい漢字です。

ごんぎつね

38ページ
城（つちへん）9画
わすれない・はねる
読み方：ジョウ、しろ
使い方：城主（じょうしゅ）・城下町（じょうかまち）、城（しろ）を守る

漢字のでき方
城
成…「土を、もりあげる、まもる」という意味を表す。
ｔ…「つち」を表す。
「土でめぐらしたとりで・しろ」の意味だよ。

38ページ
辺（しんにょう・しんにゅう）5画
つき出さない・一画・はねる・はらう
読み方：ヘン、あたり・べ
使い方：周辺（しゅうへん）・底辺（ていへん）、辺（あた）りを見回す・海辺（うみべ）

39ページ
菜（くさかんむり）11画
はらう・とめる
読み方：サイ、な
使い方：菜園（さいえん）・野菜（やさい）、菜種（なたね）がら・菜（な）の花（はな）

44ページ
井（に）4画
下を長く・はらう
読み方：（セイ）（ショウ）、い
使い方：井戸（いど）・福井県（ふくいけん）

49ページ
松（きへん）8画
あける・とめる・とめる
読み方：ショウ、まつ
使い方：松竹梅（しょうちくばい）、松（まつ）たけ・松葉（まつば）・松（まつ）の木

50ページ

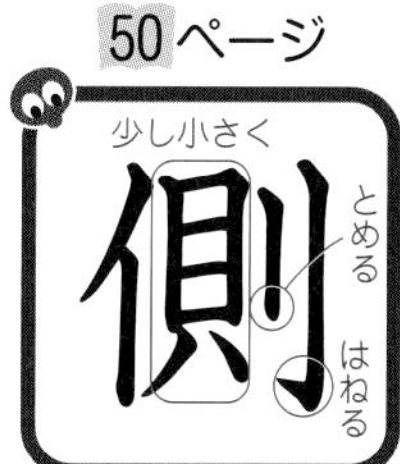

側 にんべん

読み方

ソク
がわ

使い方

側面(そくめん)・側近(そっきん)
かた側(がわ)・内側(うちがわ)

11画

52ページ

念 こころ

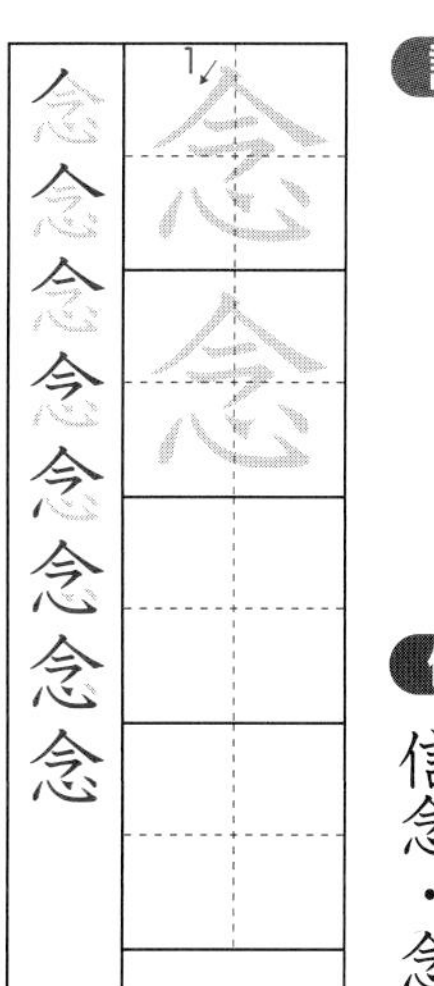

読み方

ネン
—

使い方

念仏(ねんぶつ)・記念(きねん)・残念(ざんねん)
信念(しんねん)・念(ねん)をおす

8画

54ページ

縄 いとへん

読み方

(ジョウ)
なわ

使い方

縄(なわ)をなう・縄(なわ)とび
縄(なわ)ばしご

15画

54ページ

固（あける）

固 くにがまえ

読み方

コ
かためる・かたまる
かたい

使い方

固体(こたい)・土を固(かた)める
固(かた)い約束

8画

漢字を使おう7

59ページ

賀（はねる・とめる）

賀 かい

読み方

ガ
—

使い方

年賀状(ねんがじょう)・滋賀県(しがけん)
賀正(がしょう)・祝賀会(しゅくがかい)

12画

漢字のでき方。

賀　加…「重ねくわえる」という意味を表す。
　　貝…「お金」を表す。

お金やたからをつみ重ねて、「いわう」という意味を表すよ。

でき方

読みかえの漢字

39ページ	50	59	59
家(や)	思(シ)	毛(モウ)	答(トウ)
ひゃくしょう家(や)	不思議(ふしぎ)	毛筆(もうひつ)	答案(とうあん)
59	59	59	59
直(ジキ)	船(ふな)	黄(オウ)	金(コン)
正直(しょうじき)	船旅(ふなたび)	黄金(おうごん)	
59	59		
晴(セイ)	羽(は)		
晴天(せいてん)	羽子板(はごいた)		

特別な読み方の言葉

59
景色
けしき

ものしりメモ　「側」は、「亻」(人)と「かたよる・かたむく」という意味の「則」からできた言葉で、「かたわら・そば」という意味を表すよ。

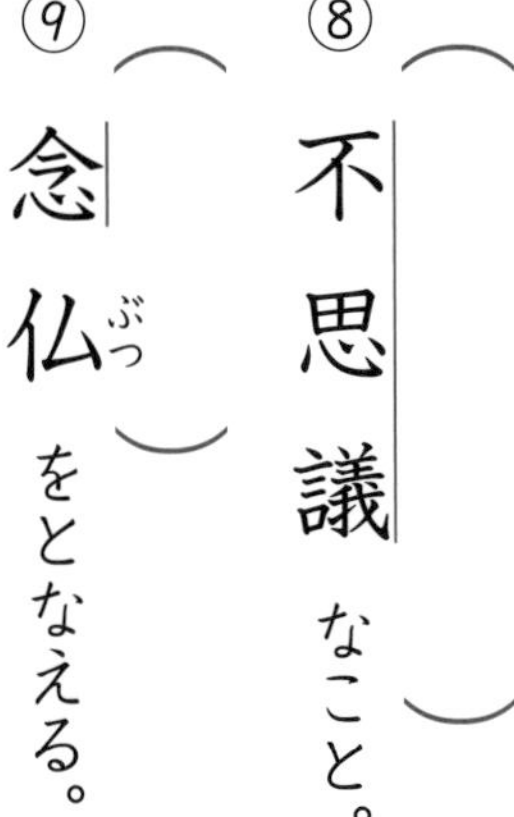

練習のワーク

ごんぎつね
漢字を使おう7

教科書 ㊦36～59ページ

答え 5ページ

勉強した日　月　日

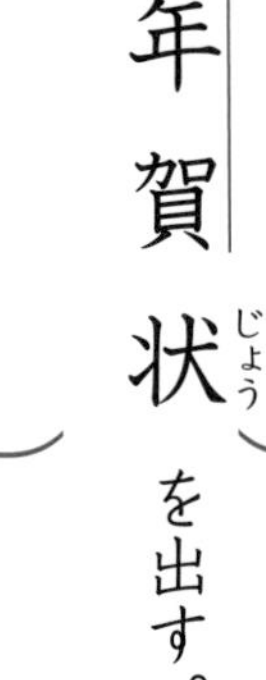

1 新しい漢字を読みましょう。

① 36ページ お城のとの様。（　）

② 辺りが暗くなる。（　）

③ 菜種がらをほす。（　）

④ ひゃくしょう家のうら。（　）

⑤ 井戸のあるいえ。（　）

⑥ 松たけを持っていく。（　）

⑦ かた側にかくれる。（　）

⑧ 不思議なこと。（　）

⑨ 念仏(ぶつ)をとなえる。（　）

⑩ 物置で縄をなう。（　）

⑪ 土を固める。（　）

⑫ 59ページ 毛筆で書く。（　）

⑬ 年賀状(じょう)を出す。（　）

⑭ 答案用紙を配る。（　）

⑮ 正直に話す。（　）

⑯ 船旅を楽しむ。（　）

⑰ 黄金の矢を放つ。（　）

⑱ 晴天の日。（　）

⑲ 羽子板をしまう。（　）

⑳ 景色をながめる。（　）

ここからはってん

✿㉑ 城下町をたずねる。（　）

✿の漢字は新出漢字の別の読み方です。

✿㉒ 池の周辺（しゅう）にさく花。（　　）

✿㉓ 海辺の宿にとまる。（　　）

✿㉔ 野菜を育てる。（　　）

✿㉕ 松竹梅（ばい）のかけじく。（　　）

2 新しい漢字を書きましょう。〔　〕は、送りがなも書きましょう。

① 36ページ お□（しろ）を見学する。

② 〔　　〕（あたり）一面の花畑。

③ □□（なたね）から油をとる。

④ ひやくしょう□（や）に住む。

⑤ □□（いど）で水をくむ。

⑥ □（まつ）たけご飯を食べる。

⑦ かた□（がわ）の道を走る。

⑧ □□□（ふしぎ）に感じる。

⑨ □（ねん）仏（ぶつ）が聞こえる。

⑩ □（なわ）で荷物をしばる。

⑪ 雪を〔　　〕（かためる）。

⑫ 59ページ □□（もうひつ）で書いた文字。

⑬ □□（ねんが）状（じょう）を受け取る。

⑭ □□（とうあん）に書きこむ。

⑮ 兄は□□（しょうじき）なせいかくだ。

⑯ □□（ふなたび）に出る。

⑰ □□（おうごん）の箱。

⑱ □□（せいてん）の日に出かける。

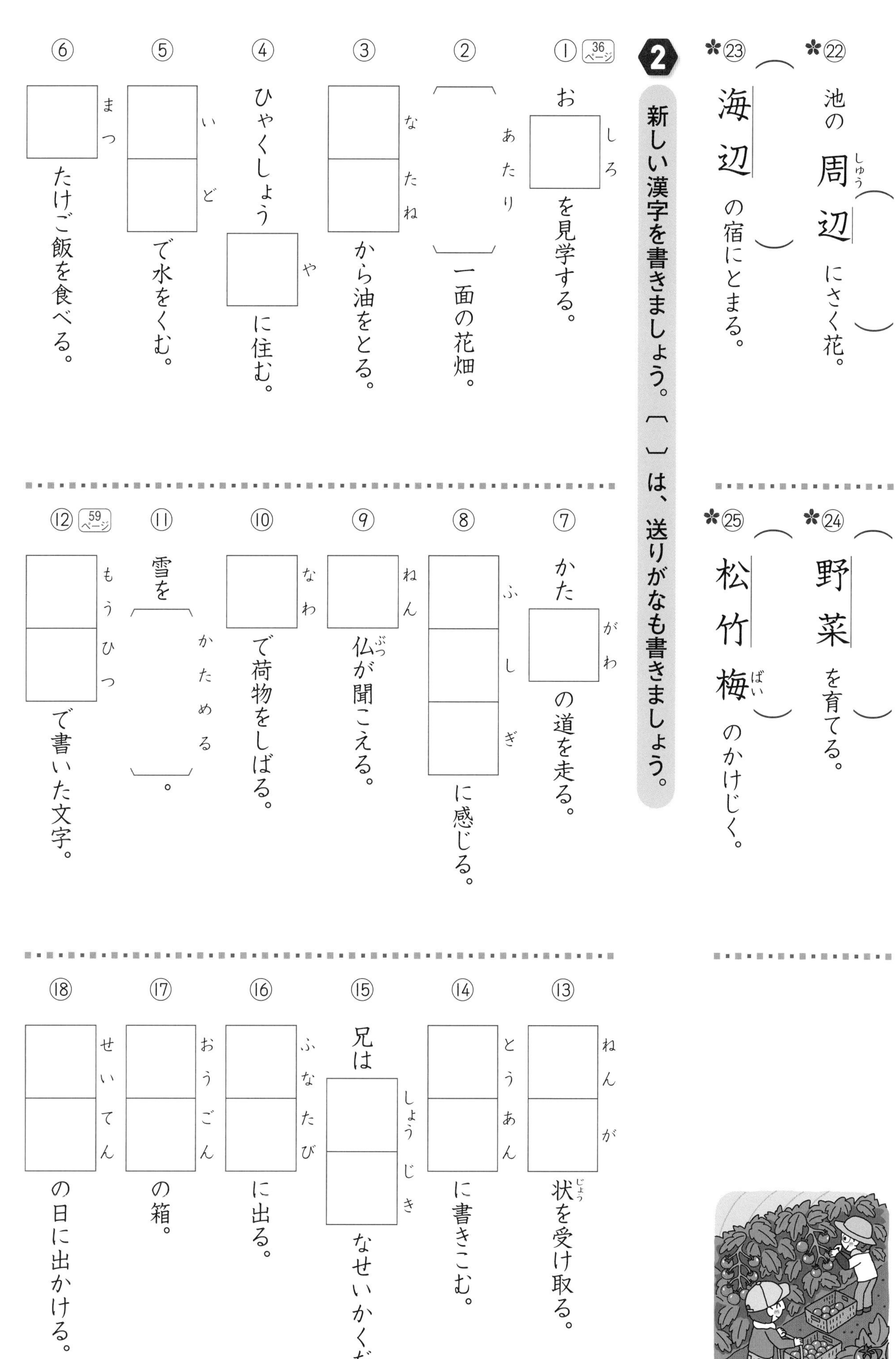

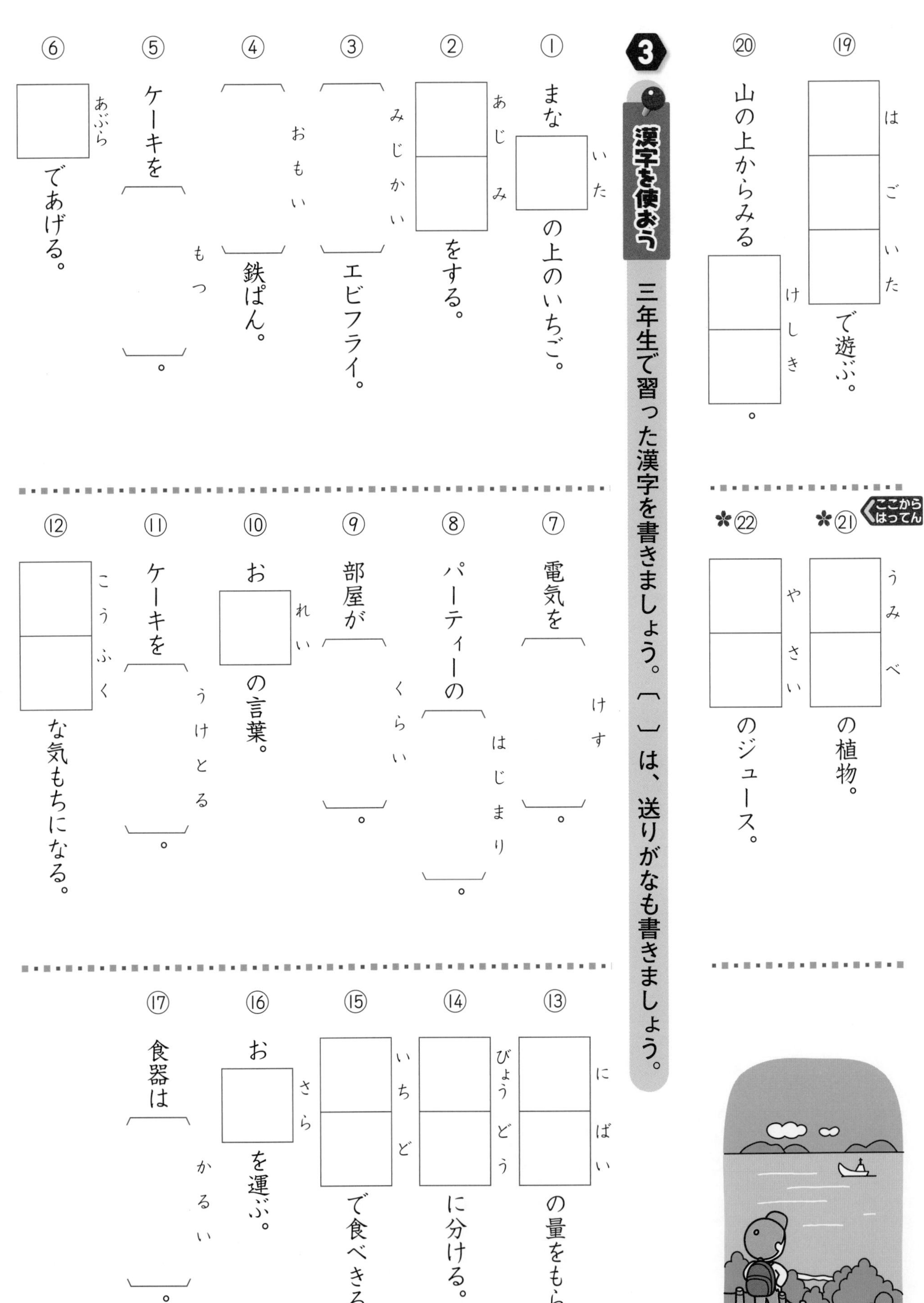

⑲ □□□（はごいた）で遊ぶ。

⑳ 山の上からみる□□（けしき）。

ここからはってん

✿㉑ □□（うみべ）の植物。

✿㉒ □□（やさい）のジュース。

3 漢字を使おう

三年生で習った漢字を書きましょう。〔　〕は、送りがなも書きましょう。

① まな□（いた）の上のいちご。

② □□（あじみ）をする。

③ 〔　　〕（みじかい）エビフライ。

④ 〔　　〕（おもい）鉄ぱん。

⑤ ケーキを〔　　〕（もつ）。

⑥ □（あぶら）であげる。

⑦ 電気を〔　　〕（けす）。

⑧ パーティーの〔　　〕（はじまり）。

⑨ 部屋が〔　　〕（くらい）。

⑩ お□（れい）の言葉。

⑪ ケーキを〔　　〕（うけとる）。

⑫ □□（こうふく）な気もちになる。

⑬ □□（にばい）の量をもらう。

⑭ □□（びょうどう）に分ける。

⑮ □□（いちど）で食べきる。

⑯ お□（さら）を運ぶ。

⑰ 食器は〔　　〕（かるい）。

きほんのワーク

人物のせいかくと行動を表す言葉／言葉の意味と使い方／百人一首に親しもう／漢字を使おう8

教科書 下60～76ページ

勉強した日　月　日

◆「読み方」の赤い字は教科書で使われている読みです。はまちがえやすい漢字です。

人物のせいかくと行動を表す言葉／言葉の意味と使い方

60ページ

静（あお）

一番長く・つき出す・とめる・はねる

読み方：セイ・（ジョウ）　しず・しずか　しずまる・しずめる

使い方：安静（あんせい）・早朝の静（しず）けさ　もの静（しず）か・気を静（しず）める

14画

61ページ

周（くち）

下を長く・はらう・はねる

読み方：シュウ　まわり

使い方：周辺（しゅうへん）・円周（えんしゅう）　池の周（まわ）り

8画

63ページ

孫（こへん）

はねる・はらう・とめる

読み方：ソン　まご

使い方：子孫（しそん）　おじいさんと孫（まご）

10画

百人一首に親しもう／漢字を使おう8

65ページ

梅（きへん）

とめる・一画・はねる

読み方：バイ　うめ

使い方：松竹梅（しょうちくばい）・梅雨前線（ばいうぜんせん）　梅（うめ）の実（み）・梅（うめ）ぼし

10画

漢字の形に注意。

○ 梅　× 梅　「母」ではないよ。

注意！

66ページ

季（こ）

とめる・はらう・はねる

読み方：キ　—

使い方：季節（きせつ）・雨季（うき）・四季（しき）

8画

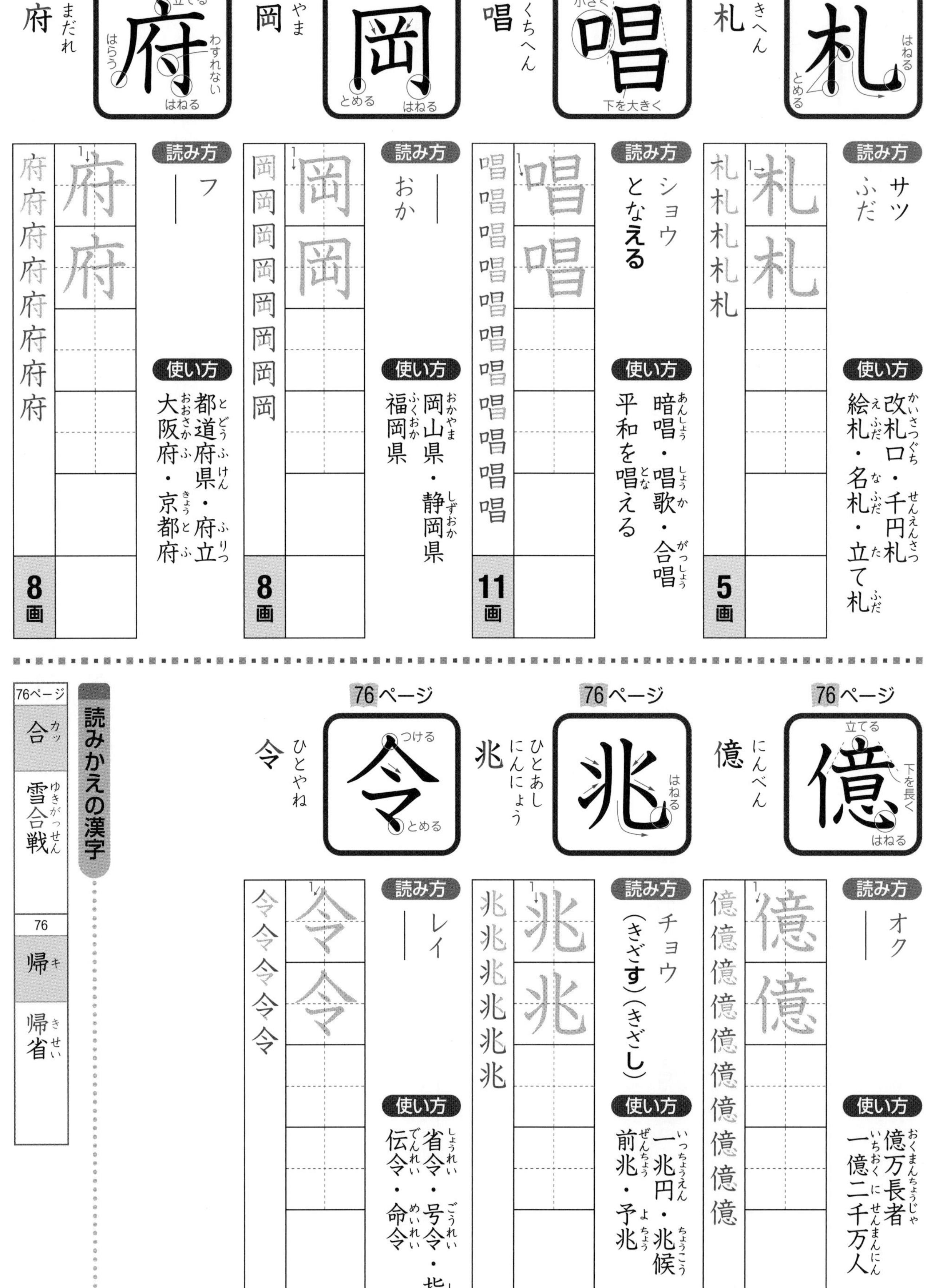

読みかえの漢字

76ページ	
合 カッ	雪合戦
76	
帰 キ	帰省

ものしりメモ　住所に関係のある漢字を覚えよう。「府」…京都府、「都」…東京都、「県」…秋田県、「市」…名古屋市、「郡」…西多摩郡、などがあるね。

練習のワーク

人物のせいかくと行動を表す言葉
言葉の意味と使い方／百人一首に親しもう／漢字を使おう8

教科書 下60～76ページ

答え 5ページ

勉強した日　月　日

1 新しい漢字を読みましょう。

① 60ページ　もの（静）かな人。

② 学校の（周）りを走る。

③ 62ページ　（孫）を連れたおじいさん。

④ （梅）の実をとる。

⑤ 66ページ　（季節）を短歌によむ。

⑥ 百人一首の（絵札）。

⑦ 好きな短歌を（暗唱）する。

⑧ 76ページ　（岡山）県の山。

⑨ （雪合戦）をする。

⑩ （都道府県）を調べる。

⑪ （億万長者）になる。

⑫ （一兆）円ものお金。

⑬ ふるさとに（帰省）する。

⑭ （省令）を改正する。

ここからはってん

✿⑮ （安静）にする。

✿⑯ 家の（周辺）を歩く。

✿⑰ れきし上の人物の（子孫）。

✿⑱ ことなる説を（唱）える。

✿の漢字は新出漢字の別の読み方です。

2 新しい漢字を書きましょう。〔　〕は、送りがなも書きましょう。

① 60ページ 母はもの〔しずか〕な人だ。

② 池の〔まわり〕の木。

③ 62ページ おばあさんと□（まご）がでかける。

④ □（うめ）の実を買う。

⑤ 66ページ すずしい□□（きせつ）になる。

⑥ トランプの□□（えふだ）。

⑦ 詩を□□（あんしょう）する。

⑧ 76ページ □□（おかやま）けんに行く。

⑨ □□□（ゆきがっせん）を楽しむ。

⑩ □□□□（とどうふけん）。

⑪ □□□□（おくまんちょうじゃ）。

⑫ □□（いっちょう）えんかかる計画。

⑬ お正月に□□（きせい）する。

⑭ □□（しょうれい）が公布（ふ）される。

ここから はってん

✿⑮ ベッドで□□（あんせい）にする。

✿⑯ 学校の□□（しゅうへん）にある川。

✿⑰ 多くの□□（しそん）を残す。

✿⑱ じゅもんを□（とな）える。

3 漢字で書きましょう。（〰〰は、送りがなも書きましょう。太字は、この回で習った漢字を使った言葉です。）

① いえの**まわり**はしずかだ。

② **まご**と**うめ**のはなをみる。

③ **きせつ**のようすを**えふだ**にえがく。

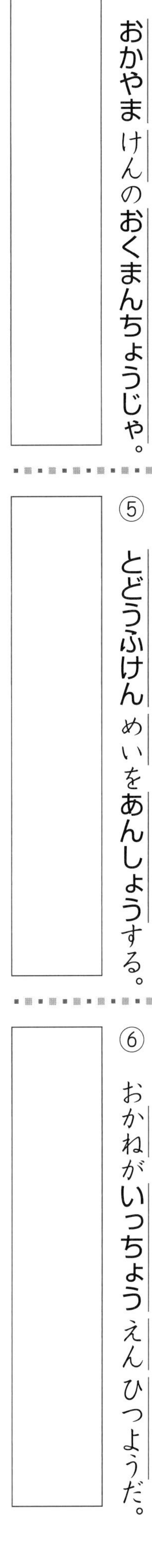

④ おかやまけんのおくまんちょうじゃ。

⑤ とどうふけんめいをあんしょうする。

⑥ おかねがいっちょうえんひつようだ。

4 漢字を使おう

三年生で習った漢字を書きましょう。〔　〕は、送りがなも書きましょう。

① □（えき）で待つ。

② □□（てつどう）の旅。

③ 大きな□□（とし）に住む。

④ □□（こうそく）で走る。

⑤ 電しゃが〔　　〕（さる）。

⑥ 西へ〔　　〕（すすむ）。

⑦ □□（はんたい）に行く。

⑧ 東の□□（ほうこう）。

⑨ □□（せんろ）の上。

⑩ □□（しゅっぱつ）のあい図。

⑪ 母といっしょに〔　　〕（のる）。

⑫ 新しい□□（しゃりょう）。

⑬ きっぷを〔　　〕（もうし）こむ。

⑭ □□（れっしゃ）の席の予約。

⑮ □□（にもつ）を運ぶ。

⑯ 待ちあわせに〔　　〕（いそぐ）。

冬休み まとめのテスト①

教科書 上116～下76ページ　答え 5ページ

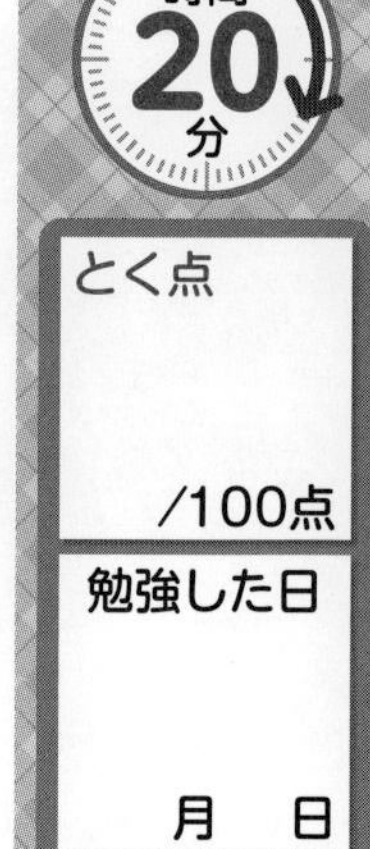

1 ——線の漢字の読み方を書きましょう。　ひとつ2（28点）

① お願（　）いの手紙を送付（　）する。

② 「漁夫（　）の利」以外（　）のことわざ。

③ 選挙（　）の投票日（　）。

④ 沖（　）の向こうの貨物船（　）。

⑤ 兵隊（　）だった老人が戦争（　）の話をする。

⑥ 祝日（　）にサッカーの試合（　）がある。

⑦ 動物園で熊（　）と鹿（　）を見る。

2 □は漢字を、（　）は漢字と送りがなを書きましょう。　ひとつ2（28点）

① □□（きょうりょく）する。

② 雪が（　）（つもる）。

③ 今月の□□（もくひょう）。

④ 家が（　）（とむ）。

⑤ ご□（はん）茶わん。

⑥ 子どもが（　）（なく）。

⑦ □□（ぐんか）を聞く。

⑧ □□（いちりん）の花。

⑨ （　）（あさい）プール。

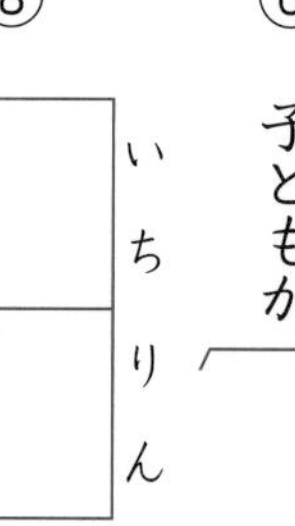

⑩ 森を□□（さんぽ）する。

⑪ 学校の□□（じどう）。

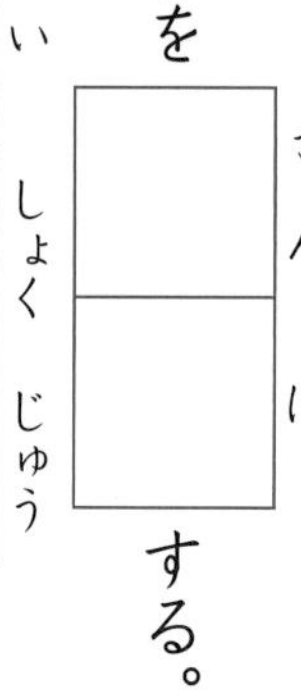

⑫ □□□（いしょくじゅう）。

⑬ 左右に□（さ）がある。

⑭ □（しお）をふる。

3 次の漢字の総画数を、（　）に数字で書きましょう。 ひとつ1（2点）

① 帯（　）画　② 養（　）画

4 次の部分と組み合わせることのできる部分を□から選び、漢字を作りましょう。 ひとつ1（4点）

① 義 □　② 𭕄 □
③ 日 □　④ 系 □

京　子
木　言

5 次の文で使い方がまちがっている漢字に×をつけ、正しい漢字を□に書きましょう。 ひとつ2（8点）

① 都道付県の場所を地図で調べる。 □
② クラス巣位で遠足に出発する。 □
③ 海の低にすむ魚を研究する。 □
④ 部屋に変わった形の昭明がある。 □

6 次の漢字の二通りの読み方を書きましょう。 ひとつ1（6点）

① 浴
1 海水浴に行く。（　）
2 シャワーのお湯を浴びる。（　）

② 無
1 無事に家に帰る。（　）
2 自転車のかぎを無くす。（　）

③ 省
1 国土交通省につとめる。（　）
2 むだを省く。（　）

7 □に同じ音読みをする漢字を書きましょう。 ひとつ3（24点）

①
1 けいさつ□（かん）。
2 金□（かん）楽器。

②
1 虫の大□（ぐん）。
2 □（ぐん）部の町。

③
1 □（さん）考書を買う。
2 米の□（さん）地。

④
1 □（きゅう）水タンク。
2 相手の要□（きゅう）。

冬休みまとめのテスト❷

教科書 上116～下76ページ
答え 6ページ

1 ――線の漢字の読み方を書きましょう。 一つ2（28点）

① 不安（　）な気持ちが残（　）る。

② 高低（　）のない土地に飛行機が着陸（　）する。

③ お城（　）の辺（　）りに家がある。

④ おけに縄（　）を結んで井戸（　）の水をくむ。

⑤ 年賀状（　）を毛筆（　）で書く。

⑥ 孫（　）が梅（　）の実をとる。

⑦ 岡山（　）県に帰省（　）する。

2 □は漢字を、（　）は漢字と送りがなを書きましょう。 一つ2（28点）

① □□（みち）の世界。

② 神社の□□（ろうぼく）。

③ 体調は□□（りょうこう）だ。

④ 先生の□□（でんごん）。

⑤ □□（なたね）の油。

⑥ □（まつ）たけをとる。

⑦ 道のかた□（がわ）。

⑧ お寺で□（ねん）仏を聞く。

⑨ 決意を（かためる）。

⑩ （まわり）を見る。

⑪ かるたの□□（えふだ）。

⑫ 歌の□□（あんしょう）。

⑬ □□□（ゆきがっせん）。

⑭ □□（いっちょう）円の事業。

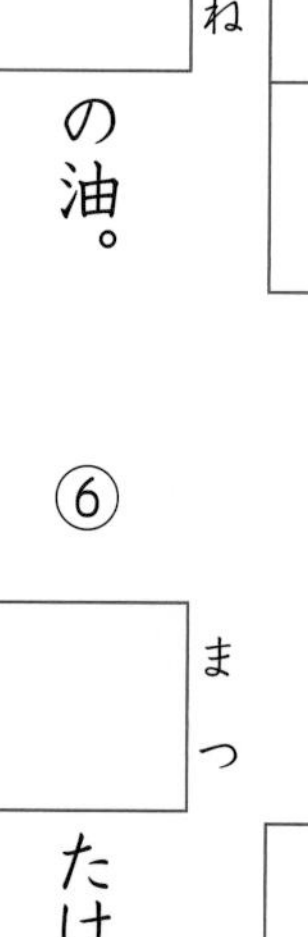

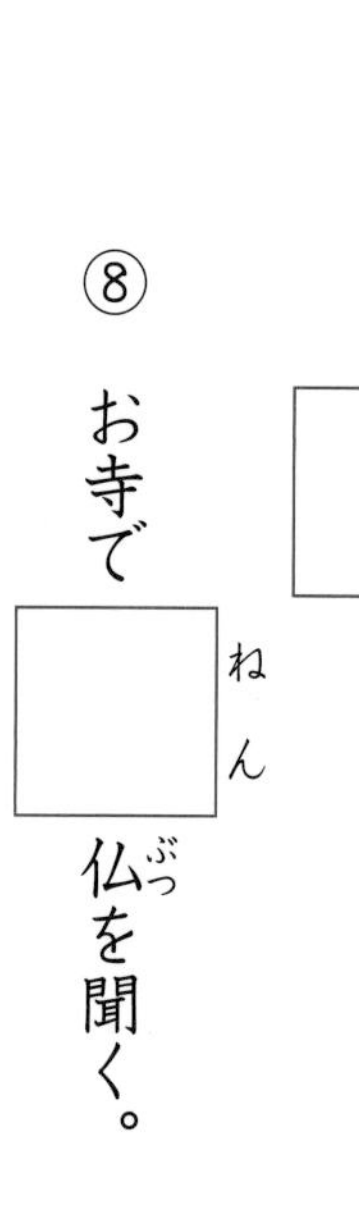

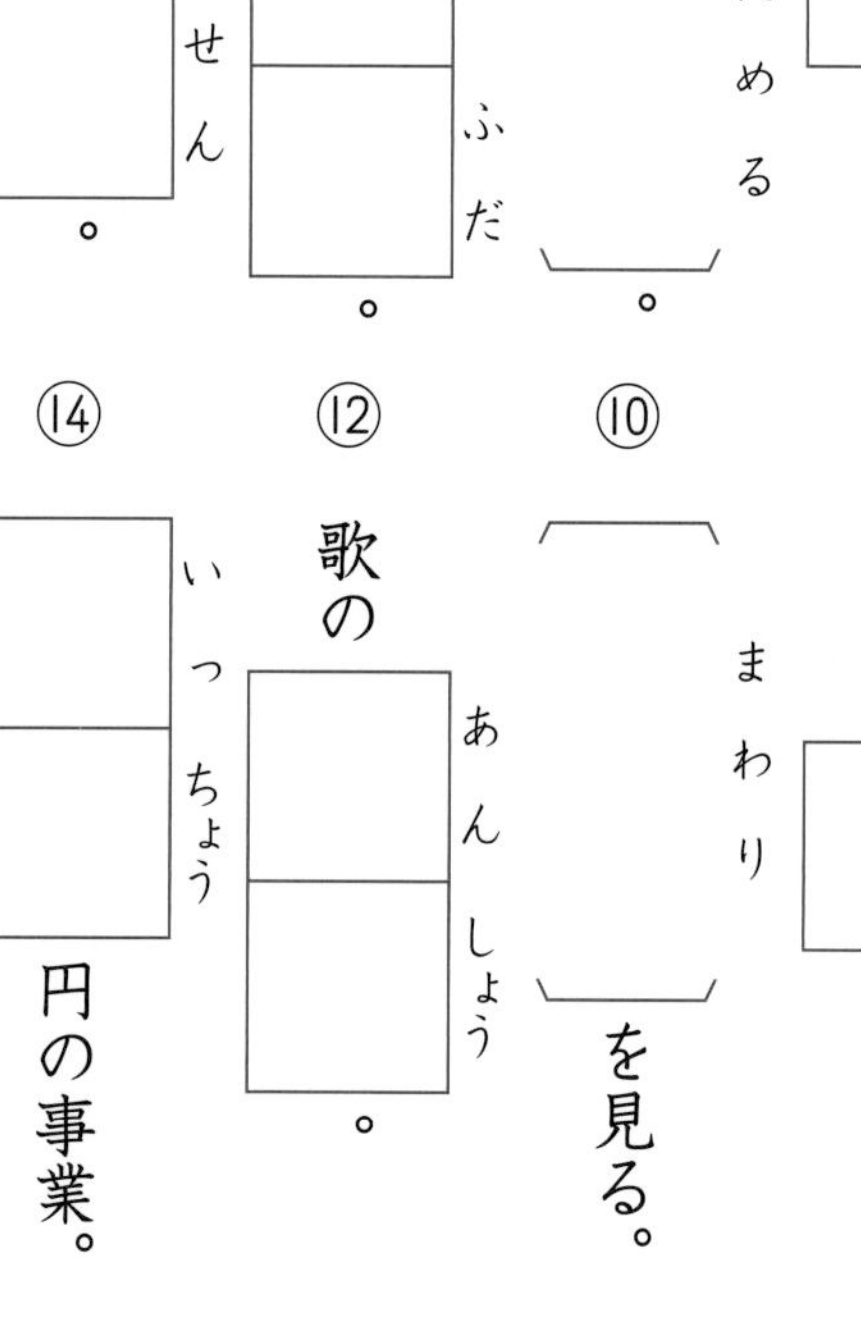

3 次の漢字の赤字部分は、何画目に書きますか。（　）に数字を書きましょう。　一つ1（4点）

① 以（　　）画目　② 帯（　　）画目
③ 卒（　　）画目　④ 軍（　　）画目

4 次の漢字の部首名をひらがなで書きましょう。　一つ2（4点）

① 億（　　　　）　② 節（　　　　）

5 形のにている漢字に気をつけて、□に漢字を書きましょう。　一つ3（24点）

①
1 夕□（はん）の時間。
2 □（いん）食店に入る。

②
1 □（き）節を感じる。
2 □（い）員になる。

③
1 □（とう）台が見える。
2 ボールを□（う）つ。

④
1 字を□（なお）す。
2 時計を□（お）く。

6 次のじゅく語の組みあわせをア～オから選び、記号で答えましょう。　一つ1（4点）

① 幸福（　　）　② 無理（　　）
③ 右折（　　）　④ 父母（　　）

ア にた意味を表す漢字を組みあわせたもの。
イ 意味が対（つい）になる漢字を組みあわせたもの。
ウ 上の漢字が下の漢字の意味をくわしく説明しているもの。
エ 上の漢字に対して、下の漢字が「～を」「～に」に当たるもの。
オ 上の漢字が下の漢字の意味をうち消しているもの。

7 ――線のことばを、漢字と送りがなで書きましょう。　一つ2（8点）

① つめたいかき氷を食べる。（下線：つめたい）
② ものしずかなせいかくだ。（下線：しずか）
③ 気持ちをあらためる。（下線：あらためる）
④ バケツに水をみたす。（下線：みたす）

きほんのワーク

数え方を生み出そう／漢字を使おう9

調べたことをほうこくしよう

教科書 下78～106ページ

勉強した日　月　日

◆「読み方」の赤い字は教科書で使われている読みです。

数え方を生み出そう

建（86ページ）えんにょう 建

二画　つき出す　長くはらう

読み方：ケン・（コン）　たてる・たつ

使い方：建国（けんこく）・建設（けんせつ）　建物（たてもの）・倉庫を建（た）てる

9画

同じ読み方で形のにている漢字。

建（ケン）　例 建国・建設（せっ）・建築（ちく）

健（ケン）　例 健康・健全・保健（ほ）室

注意！

漢字を使おう9

希（91ページ）はば 希

小さく　はねる

読み方：キ　―

使い方：希望（きぼう）・希少（きしょう）

7画

梨（91ページ）き 梨

はねる　とめる　はらう

読み方：―　なし

使い方：梨（なし）の木・山梨（やまなし）県

11画

芸（91ページ）くさかんむり 芸

下を長く　とめる

読み方：ゲイ　―

使い方：手芸（しゅげい）・芸人（げいにん）・学芸会（がくげいかい）

7画

漢字のでき方。

芸

古い字は「藝」。人が草を植えているすがたからできた漢字だよ。「植える、わざ」という意味を表すよ。

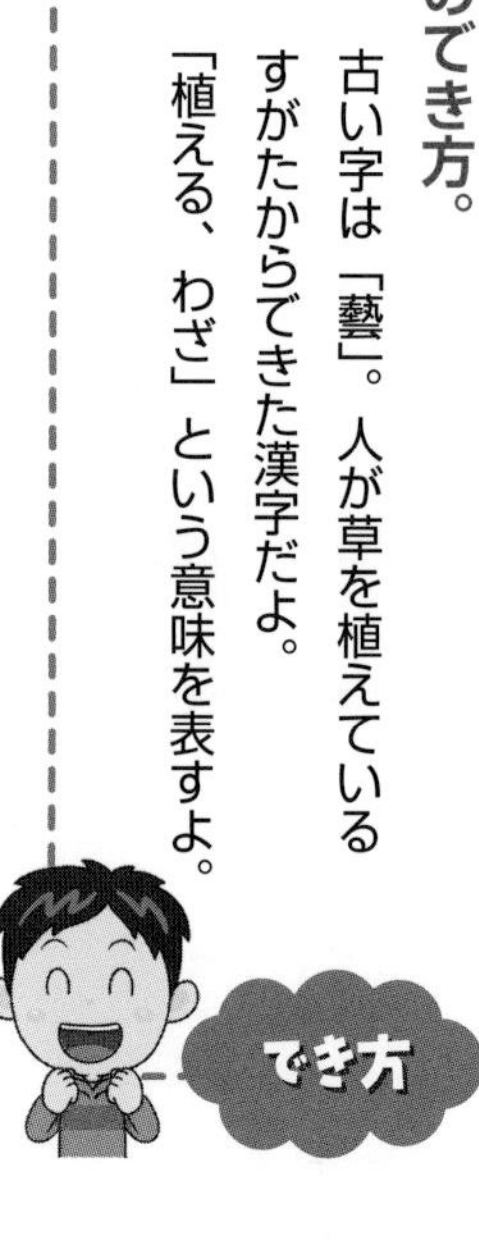

91ページ

茨

茨　くさかんむり

はねる　はらう

読み方

―
いばら

使い方

茨城県(いばらきけん)・茨(いばら)が生える
茨(いばら)の道を行く

茨茨茨茨茨茨茨茨茨

9画

「艹」の付く漢字。

「艹」は、植物に関係のある漢字に付くよ。
「艹」の付く漢字…花　葉　芽　茶　茨　など。

覚えよう！

91ページ

欠

欠　あくび

はねる　はらう

読み方

ケツ
かける・かく

使い方

欠場(けつじょう)・欠員(けついん)・欠点(けってん)
皿が欠(か)ける・欠(か)かさず

欠欠欠欠

4画

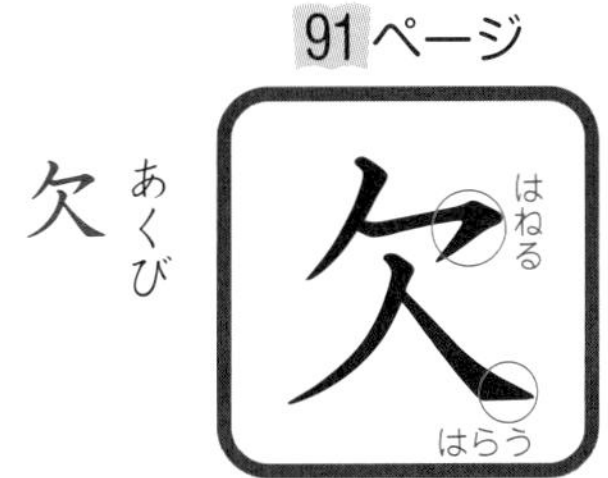

「欠」の付く漢字。

「欠」の部首は、一字全体で表す「欠」（あくび）だよ。ほかにも、「次」「歌」などがあるよ。
「飲」にも「欠」が付くけれど、部首は「飠」（しょくへん）だよ。

覚えよう！

105ページ

仲

仲　にんべん

とめる

読み方

（チュウ）
なか

使い方

仲間(なかま)・仲直(なかなお)り
仲(なか)がいい

仲仲仲仲仲仲

6画

漢字のでき方。

「仲」は、「亻」（人）と、真ん中の意味を持つ「中」を組み合わせてできた漢字で、「人と人との間がら」を表しているよ。

でき方

読みかえの漢字

ページ	漢字	読みかえ
84	歩(あゆむ)	歩(あゆ)む
86	新(あらた)	新(あら)た
91	丸(ガン)	丸薬(がんやく)

ものしりメモ　「建つ」と「立つ」のように、読み方は同じでも漢字がことなる言葉は、たくさんあるよ。文の中での意味を考えて、正しい漢字を使えるようになろう。

練習のワーク

数え方を生み出そう／漢字を使おう9 調べたことをほうこくしよう

教科書 ㊦78〜106ページ

答え 6ページ

勉強した日　月　日

1 あたらしい漢字を読みましょう。

① 78ページ 日本語の（歩）み。

② 高い（建物）。

③ （新）たに生み出す。

④ 91ページ 入部を（希望）する。

⑤ （梨）の生産がさかんだ。

⑥ （丸薬）をのむ。

⑦ （手芸）の作品。

⑧ （茨）の道を行く。

⑨ けがで（欠場）する。

⑩ 栄養が（欠）ける。

⑪ 100ページ （仲間）が見つかる。

✿⑫ ここからはってん ビルを（建）せつする。

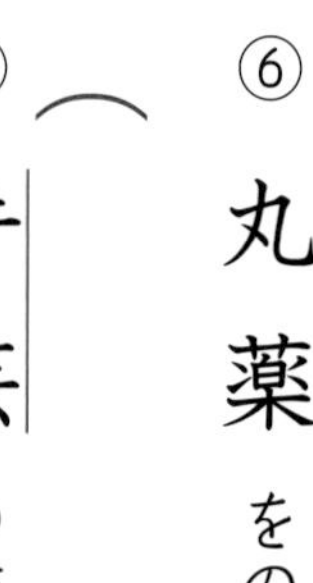

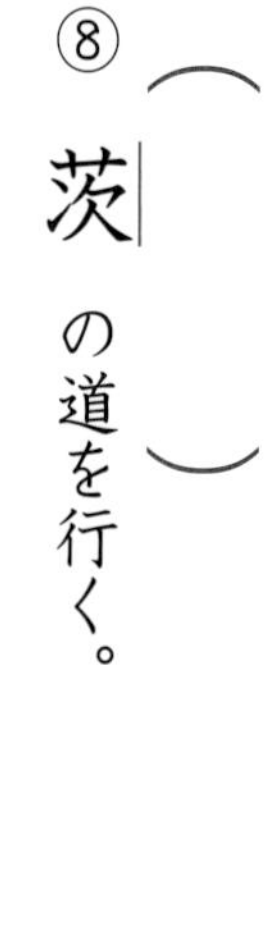

2 あたらしい漢字を書きましょう。〔　〕は、送りがなも書きましょう。

① 78ページ 国の〔あゆみ〕。

② じょうぶな［たてもの］。

③ 〔あらた〕な仕事を始める。

④ 91ページ ［きぼう］がかなう。

⑤ 大きな［なし］をむく。

⑥ ［がんやく］をもらう。

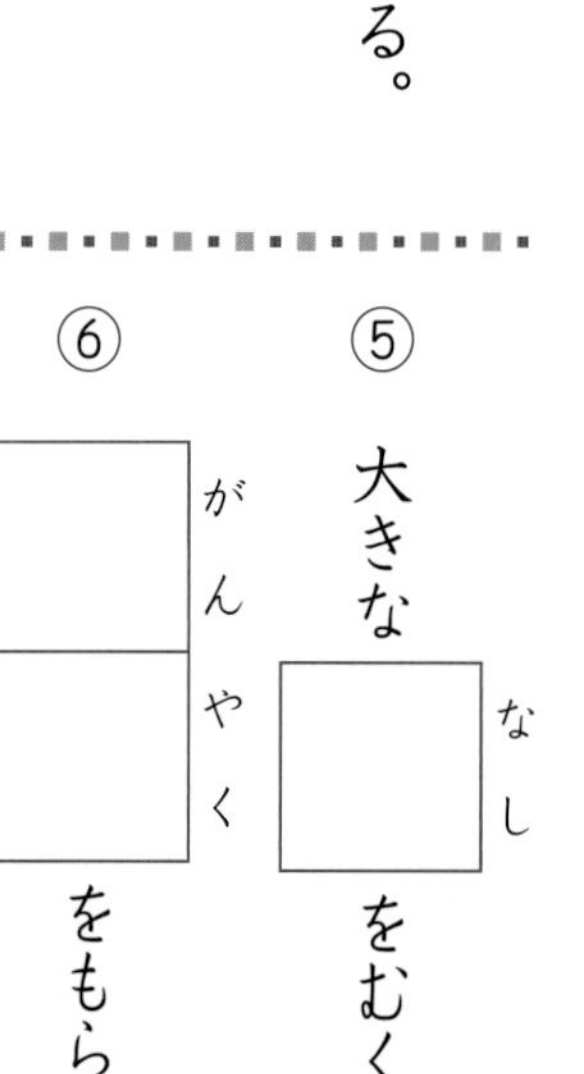

✿の漢字は新出漢字の別の読み方です。

⑦ 母は［しゅげい］がしゅみだ。

⑧ ［いばら］の道をえらぶ。

⑨ 大会を［けつじょう］する。

⑩ コップが〔かける〕。

⑪ 100ページ ［なかま］と歌う。

✿⑫ ここからはってん 市役所を［けん］せつする。

3 漢字で書きましょう。（〰は、送りがなも書きましょう。太字は、この回で習った漢字を使った言葉です。）

① **たてもの**のなかを**あゆむ**。

② あらたな**きぼう**をいだく。

③ **なし**をそだてるのうか。

④ ずつうをなおす**がんやく**をのむ。

⑤ **しゅげい**のみせをひらく。

⑥ にんずうがそろわず**けつじょう**する。

⑦ ふるいさらが**かける**。

⑧ あそぶ**なかま**をあつめる。

4 漢字を使おう

三年生で習った漢字を書きましょう。〔　〕は、送りがなも書きましょう。

① □□（びょういん）におみまいに行く。

② □□（めんかい）する。

③ 新しい□（いのち）が生まれる。

④ 友達を〔　　　〕（たすける）。

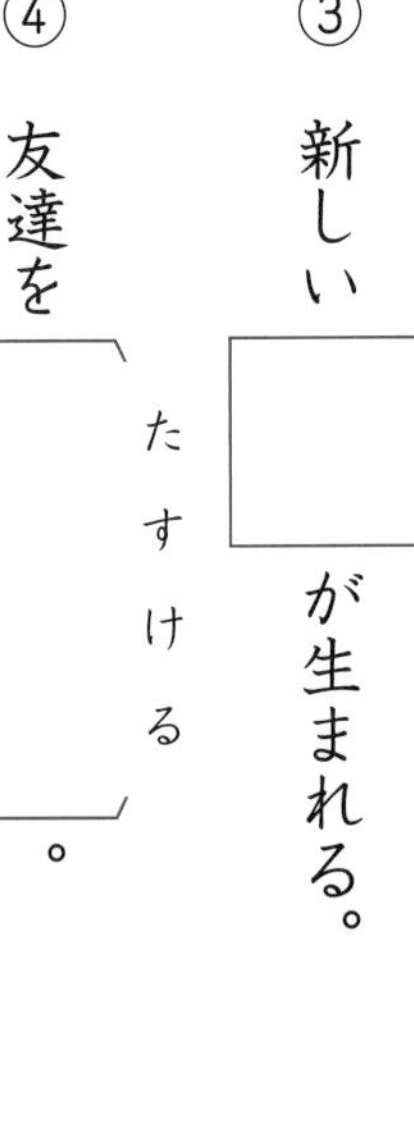

⑤ □（ゆび）をけがする。

⑥ いたみがあって〔　　　〕（かなしい）。

⑦ 足に□（くすり）をつける。

⑧ ひざの□（かわ）をすりむく。

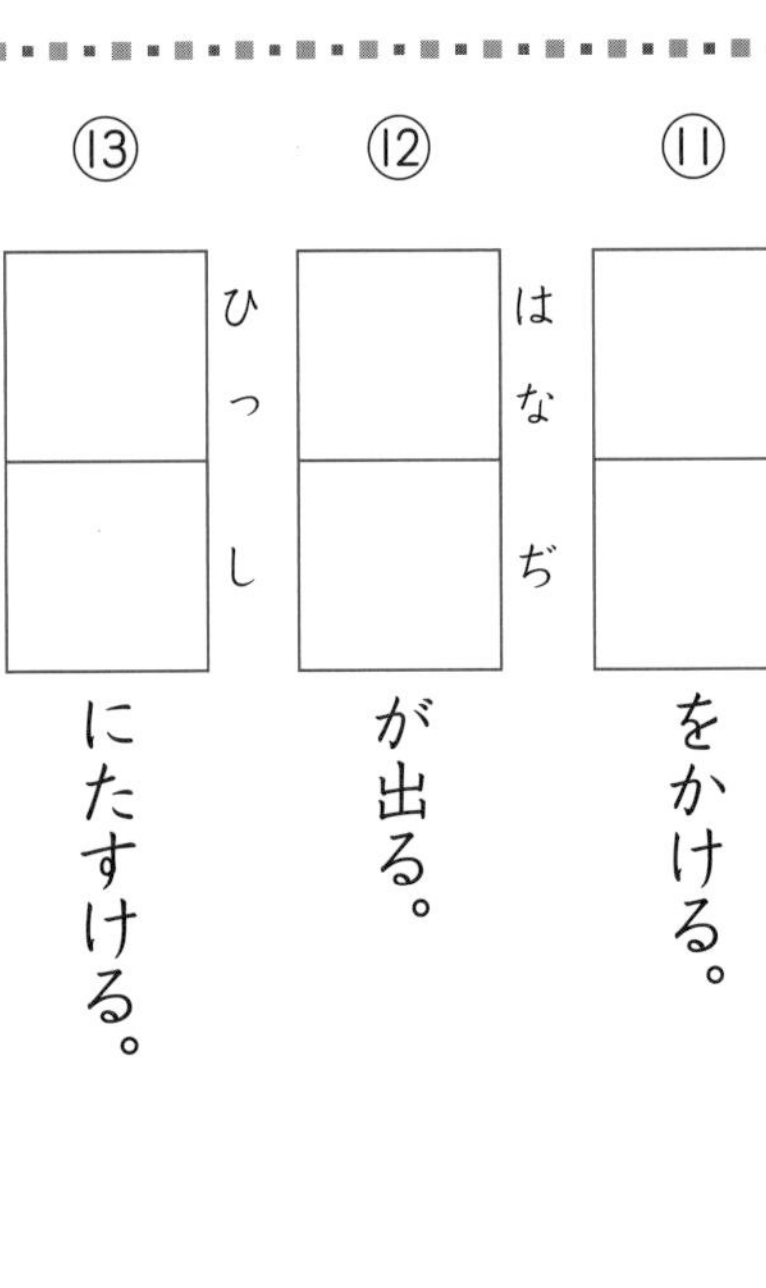

⑨ □□（いしゃ）の話を聞く。

⑩ □□（そうだん）する。

⑪ □□（しんぱい）をかける。

⑫ □□（はなぢ）が出る。

⑬ □□（ひっし）にたすける。

⑭ びょう気で〔　　　〕（くるしい）。

⑮ □（は）を食いしばる。

⑯ ベッドに□（よこ）になる。

考えたことを文章にまとめよう

きほんのワーク

漢字を使おう10／同じ読み方の漢字
世界一美しいぼくの村

教科書 下107～126ページ

勉強した日　月　日

漢字を使おう10

◆「読み方」の赤い字は教科書で使われている読みです。

107ページ

徳　ぎょうにんべん

はねる

読み方：トク

使い方：人徳・道徳・徳用品

14画

同じ読み方の漢字。

徳…りっぱな行い。例 道徳・人徳

特…中でもすぐれた。例 特技・特別

意味と使い方をまちがえないようにね。

注意！

107ページ

径　ぎょうにんべん

あける　はらう　下を長く

読み方：ケイ

使い方：口径・直径・半径

8画

107ページ

鏡　かねへん

立てる　はねる

読み方：キョウ　かがみ

使い方：望遠鏡・鏡台　手鏡・鏡にうつす

19画

107ページ

牧　うしへん

はらう　とめる

読み方：ボク（まき）

使い方：牧場・牧草　放牧・遊牧民

8画

107ページ

各　くち

あける　はらう

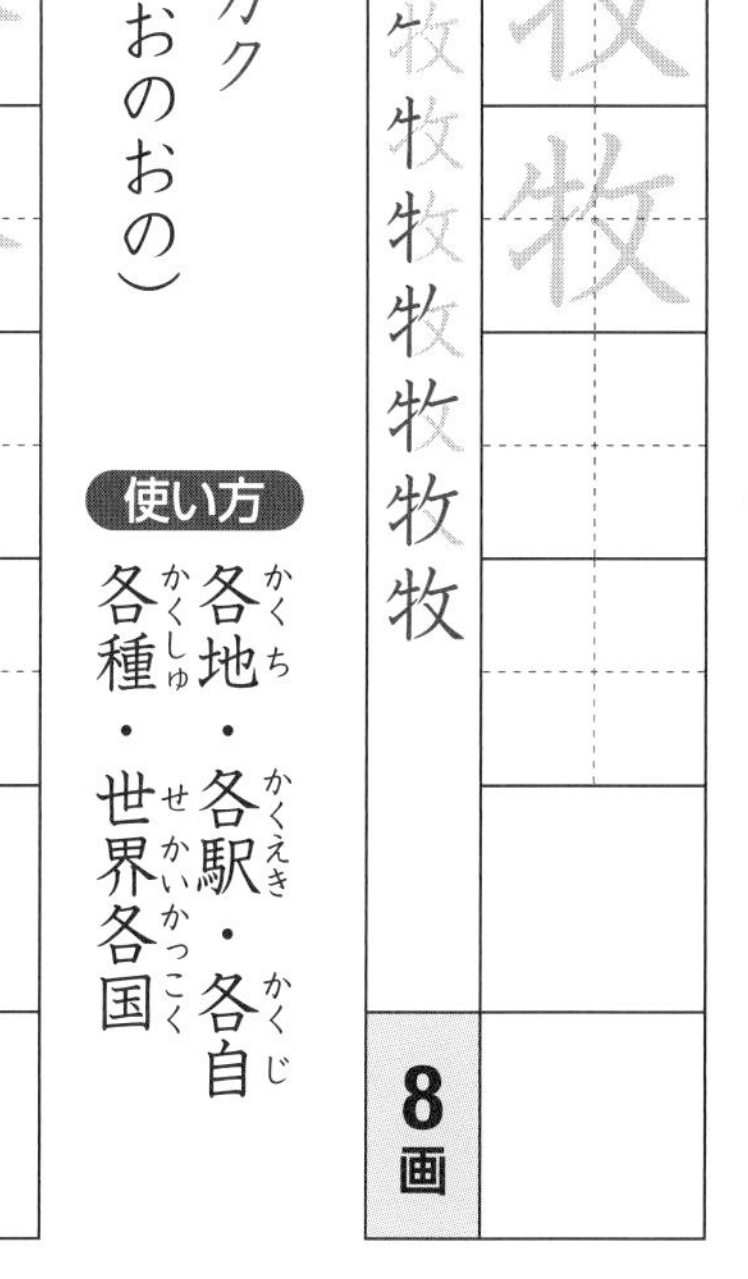

読み方：カク（おのおの）

使い方：各地・各駅・各自　各種・世界各国

6画

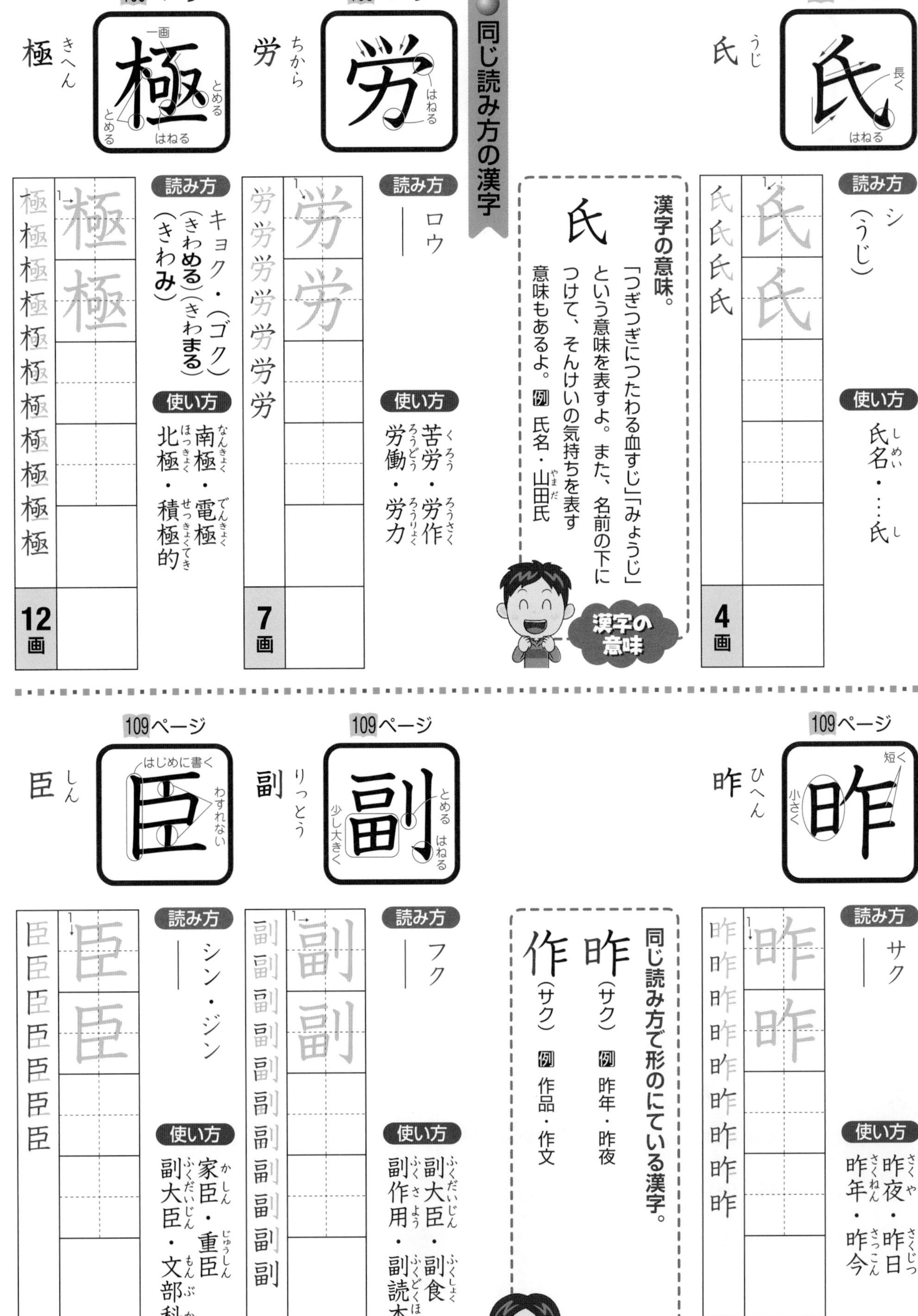

107ページ

氏

氏 うじ

読み方：シ（うじ）

使い方：氏名・…氏

4画

漢字の意味

氏

「つぎつぎにつたわる血すじ」「みょうじ」という意味を表すよ。また、名前の下につけて、そんけいの気持ちを表す意味もあるよ。例 氏名・山田氏

108ページ

労

労 ちから

読み方：ロウ

使い方：苦労・労作・労働・労力

7画

同じ読み方の漢字

109ページ

極

極 きへん

読み方：キョク・（ゴク）（きわめる）（きわまる）（きわみ）

使い方：南極・電極・北極・積極的

12画

109ページ

昨

昨 ひへん

読み方：サク

使い方：昨夜・昨日・昨年・昨今

9画

同じ読み方で形のにている漢字。

昨（サク） 例 昨年・昨夜

作（サク） 例 作品・作文

注意！

109ページ

副

副 りっとう

読み方：フク

使い方：副大臣・副食・副作用・副読本

11画

109ページ

臣

臣 しん

読み方：シン・ジン

使い方：家臣・重臣・副大臣・文部科学大臣

7画

課（ごんべん）
109ページ

下まで一画／あける／はらう／とめる

読み方 カ
―

使い方 放課後（ほうかご）・課題（かだい）
日課（にっか）・課外活動（かがいかつどう）

筆順：課 課 課 訂 訶 詚 評 誤 課 課 課（15画）

械（きへん）
109ページ

わすれない／はねる／とめる／はらう

読み方 カイ
―

使い方 機械（きかい）・器械体そう（きかいたい）

筆順：械 械 械 械 械 械 械 械 械 械 械（11画）

「木」の付く漢字。

「木」は、「木の種類」や「木を使って作った物」などに関係のある漢字に付くよ。

「木」の付く漢字…松　梅　板　機　など。

覚えよう！

香（かおり）
113ページ

はらう／はらう／はらう

読み方 （コウ）（キョウ）
か・かおり
かおる

使い方 香川県（かがわ）
花の香り（かお）・梅が香る（かお）

筆順：香 香 千 禾 禾 香 香 香 香（9画）

世界一美しいぼくの村

民（うじ）
113ページ

長く／はねる

読み方 ミン
（たみ）

使い方 民族（みんぞく）・民話（みんわ）・国民（こくみん）
住民（じゅうみん）・民主的（みんしゅてき）

筆順：民 民 民 民 民（5画）

勇（ちから）
116ページ

つき出す／はねる

読み方 ユウ
いさ**む**

使い方 勇気（ゆうき）・勇者（ゆうしゃ）
勇（いさ）ましい声

筆順：勇 勇 勇 勇 勇 勇 勇 勇 勇（9画）

信（にんべん）
119ページ

あける

読み方 シン
―

使い方 信（しん）じる・信号（しんごう）
自信（じしん）・通信（つうしん）

筆順：信 信 信 信 信 信 信 信 信（9画）

読みかえの漢字

107ページ	口（コウ）	口径（こうけい）
107	牛（ギュウ）	牛肉（ぎゅうにく）
107	寺（ジ）	寺社（じしゃ）

特別な読み方の言葉

ページ	言葉	読み
109	昨日	きのう
113	果物	くだもの

ものしりメモ 「信」は「亻」(人)の「言」(言葉)が心の中と同じになることから、「まこと」という意味を表すよ。

練習のワーク

漢字を使おう10／同じ読み方の漢字
世界一美しいぼくの村

教科書 ㊦107～126ページ
答え 7ページ

勉強した日　月　日

1 新しい漢字を読みましょう。

① 107ページ 父は（人徳）がある。
② （口径）の大きなレンズ。
③ （望遠鏡）で見る。
④ （牛肉）を食べる。
⑤ （牧場）の馬。
⑥ （各地）を旅する。
⑦ （寺社）をめぐる。
⑧ （氏名）を書く。
⑨ 108ページ （苦労）してたどり着く。
⑩ （南極）に行く。
⑪ （昨夜）のできごと。
⑫ （副大臣）が演説（えん）する。
⑬ （放課後）に友達に会う。
⑭ （昨日）の遠足の写真。
⑮ （機械）を組み立てる。
⑯ 110ページ （果物）が実る。
⑰ あまい（香）りがする。
⑱ （民族）どうしの争い。
⑲ （勇気）をふりしぼる。
⑳ 友を（信）じる。
✿㉑ ここからはってん （手鏡）を買う。

✿の漢字は新出漢字の別の読み方です。

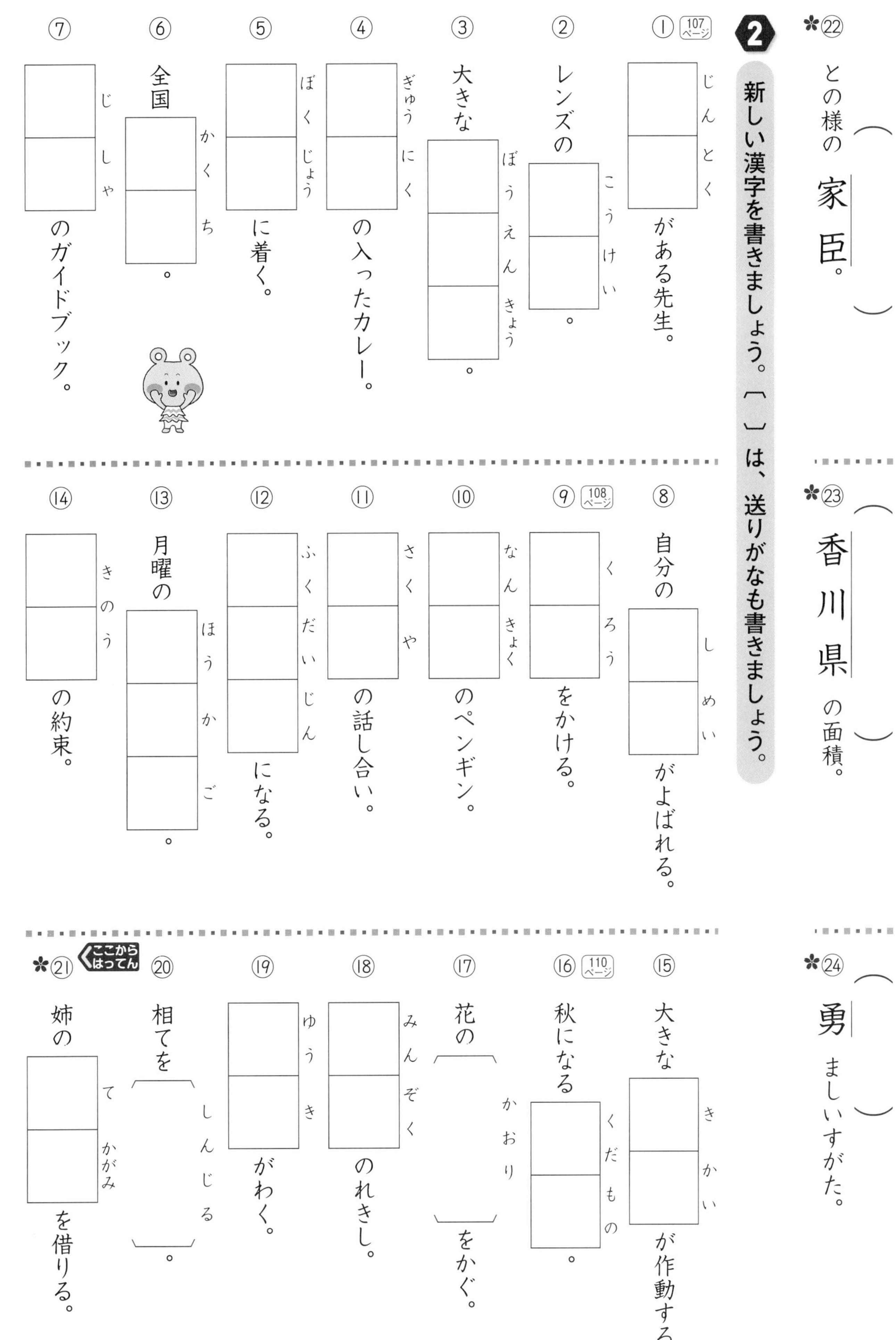

✿㉒ との様の 家臣。（　　）

✿㉓ 香川県（　　）の面積。

✿㉔ 勇（　　）ましいすがた。

2 新しい漢字を書きましょう。〔　〕は、送りがなも書きましょう。

① 107ページ □□（じんとく）がある先生。

② レンズの□□（こうけい）。

③ 大きな□□□（ぼうえんきょう）。

④ □□（ぎゅうにく）の入ったカレー。

⑤ □□（ぼくじょう）に着く。

⑥ 全国□□（かくち）。

⑦ □□（じしゃ）のガイドブック。

⑧ 自分の□□（しめい）がよばれる。

⑨ 108ページ □□（くろう）をかける。

⑩ □□（なんきょく）のペンギン。

⑪ □□（さくや）の話し合い。

⑫ □□□（ふくだいじん）になる。

⑬ 月曜の□□□（ほうかご）。

⑭ □□（きのう）の約束。

⑮ 大きな□□（きかい）が作動する。

⑯ 110ページ 秋になる□□（くだもの）。

⑰ 花の〔　　　〕（かおり）をかぐ。

⑱ □□（みんぞく）のれきし。

⑲ □□（ゆうき）がわく。

⑳ 相てを〔　　　〕（しんじる）。

✿㉑ ここからはってん 姉の□□（てかがみ）を借りる。

✿㉒ 王の[かしん]。

✿㉓ [かがわけん]。

✿㉔ [いさ]ましいかけ声。

3 漢字でかきましょう。（〰は、送りがなもかきましょう。太字は、この回で習った漢字を使ったことばです。）

① せんせいは**じんとく**がある。

② **ぼうえんきょう**の**こうけい**をはかる。

③ ははがすきな**ぎゅうにく**をたべる。

④ にほん**かくち**の**ぼくじょう**をめぐる。

⑤ **じしゃ**をたずねるりょこうをする。

⑥ りょうしんの**しめい**をかく。

⑦ **くろう**して**なんきょく**につく。

⑧ **さくや**はこくごのべんきょうをした。

⑨ いけんを**ふくだいじん**につたえる。

⑩ **きのう**の**ほうかご**のできごと。

⑪ **きかい**でじどうしゃをくみたてる。

⑫ あまい**かおり**のする**くだもの**。

⑬ みんぞくにかんけいするほんをよむ。

［　　　　］

⑭ あにとはなすとゆうきがでる。

［　　　　］

⑮ あいてのことばをしんじる。

［　　　　］

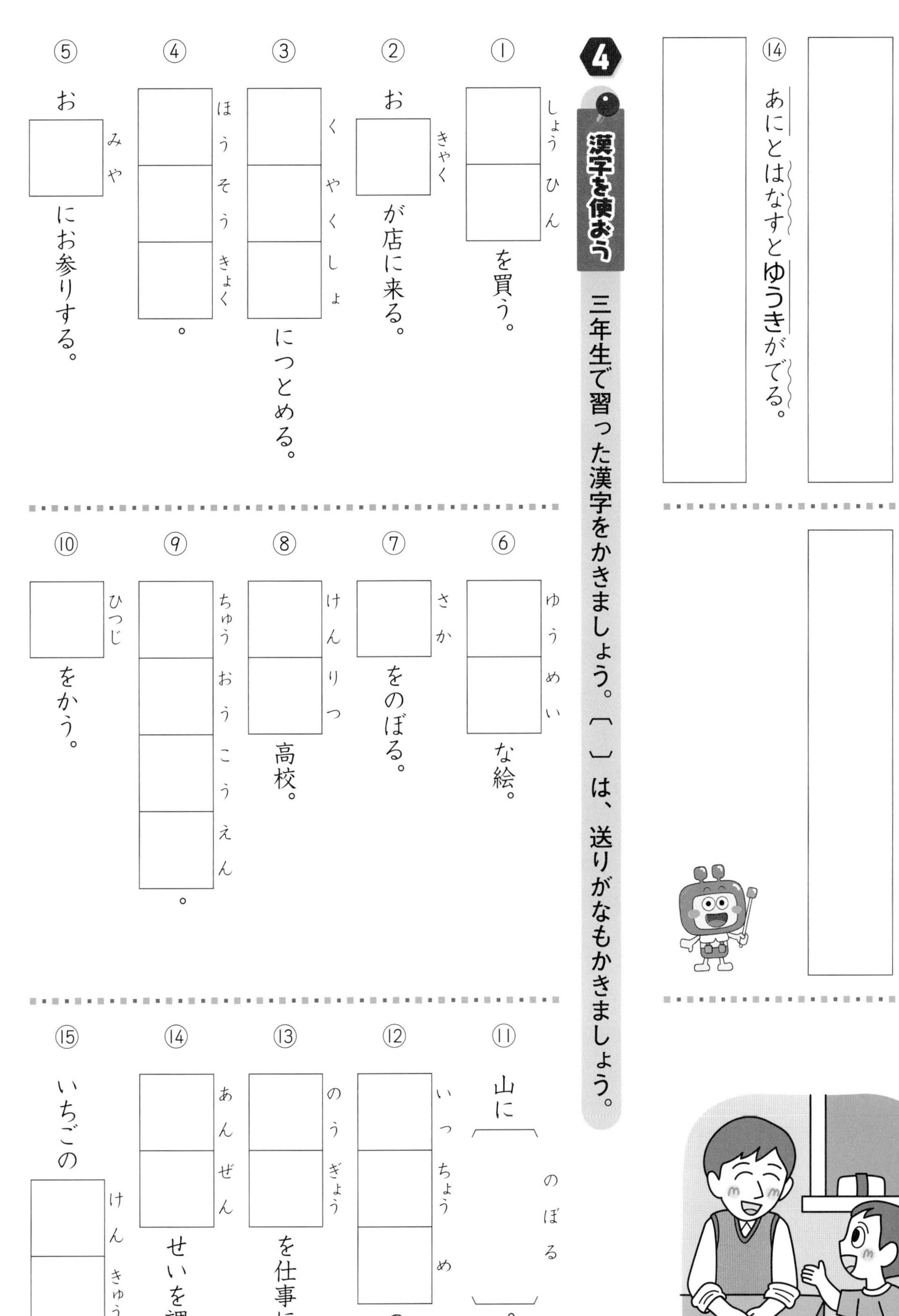

4 漢字を使おう

三年生で習った漢字をかきましょう。〔　〕は、送りがなもかきましょう。

① □□（しょうひん）を買う。

② お□（きゃく）が店に来る。

③ □□□（くやくしょ）につとめる。

④ □□□（ほうそうきょく）。

⑤ お□（みや）にお参りする。

⑥ □□（ゆうめい）な絵。

⑦ □（さか）をのぼる。

⑧ □□（けんりつ）高校。

⑨ □□□□（ちゅうおうこうえん）。

⑩ □（ひつじ）をかう。

⑪ 山に〔　　（のぼる）　〕。

⑫ □□□（いっちょうめ）のビル。

⑬ □□（のうぎょう）を仕事にする。

⑭ □□（あんぜん）せいを調べる。

⑮ いちごの□□（けんきゅう）。

きほんのワーク
漢字を使おう11

教科書 下 127ページ

勉強した日　月　日

◆「読み方」の赤い字は教科書で使われている読みです。

潟（さんずい）　127ページ
15画
読み方：かた
使い方：新潟（にいがた）県・ひ潟（がた）

岐（やまへん）　127ページ
7画
読み方：（キ）
使い方：岐阜（ぎふ）県

阜（おか）　127ページ
8画
読み方：フ
使い方：岐阜（ぎふ）県

栃（きへん）　127ページ
9画
読み方：とち
使い方：栃木（とちぎ）県・栃（とち）の実

埼（つちへん）　127ページ
11画
読み方：さい
使い方：埼玉（さいたま）県

奈（だい）　127ページ
8画
読み方：ナ
使い方：神奈川（かながわ）県・奈落（ならく）・奈良（なら）県

滋 さんずい

読み方
（ジ）

使い方
滋賀（しが）県

12画

127ページ

阪 こざとへん

はねる はらう

読み方
（ハン）

使い方
大阪府（おおさかふ）

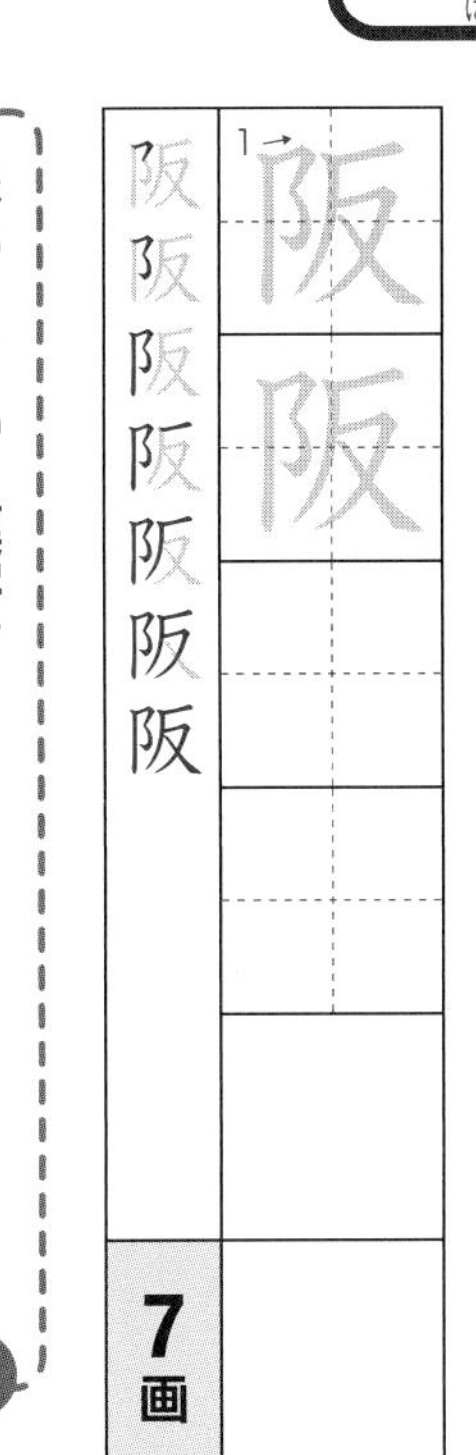

7画

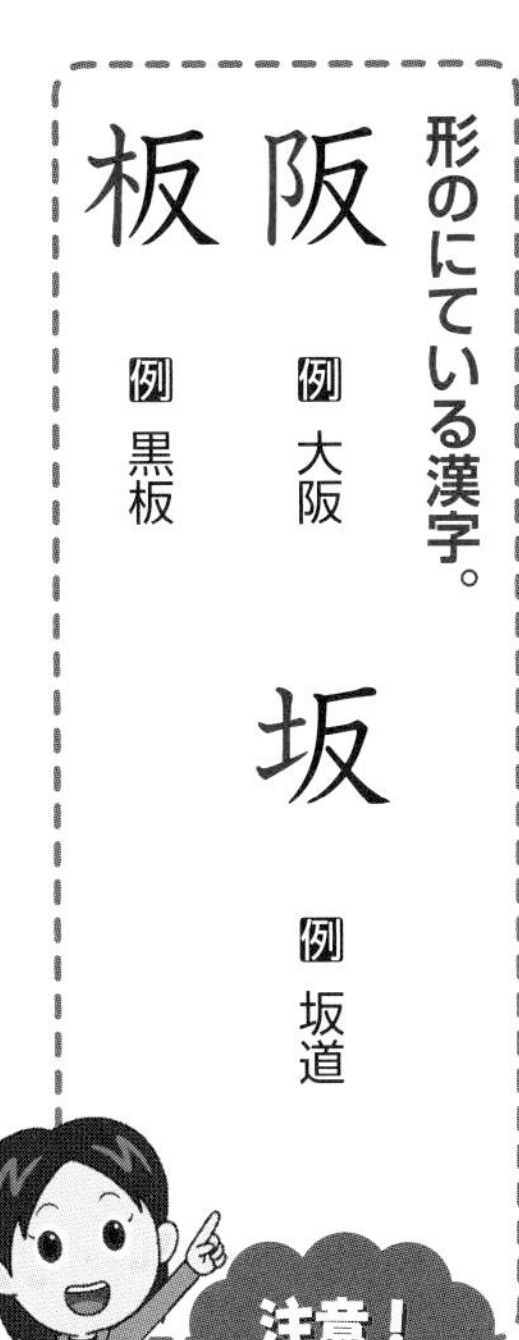

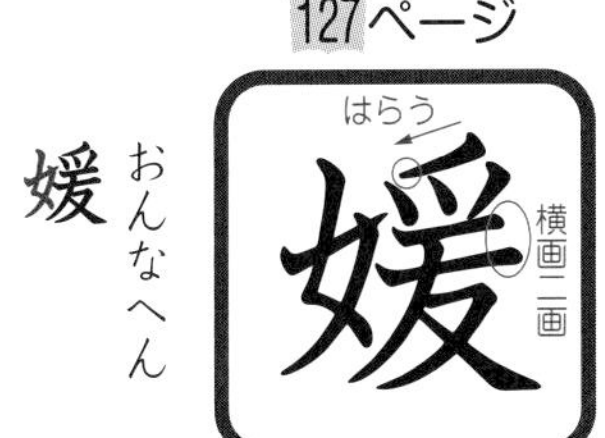

媛 おんなへん

読み方
（エン）

使い方
愛媛（えひめ）県

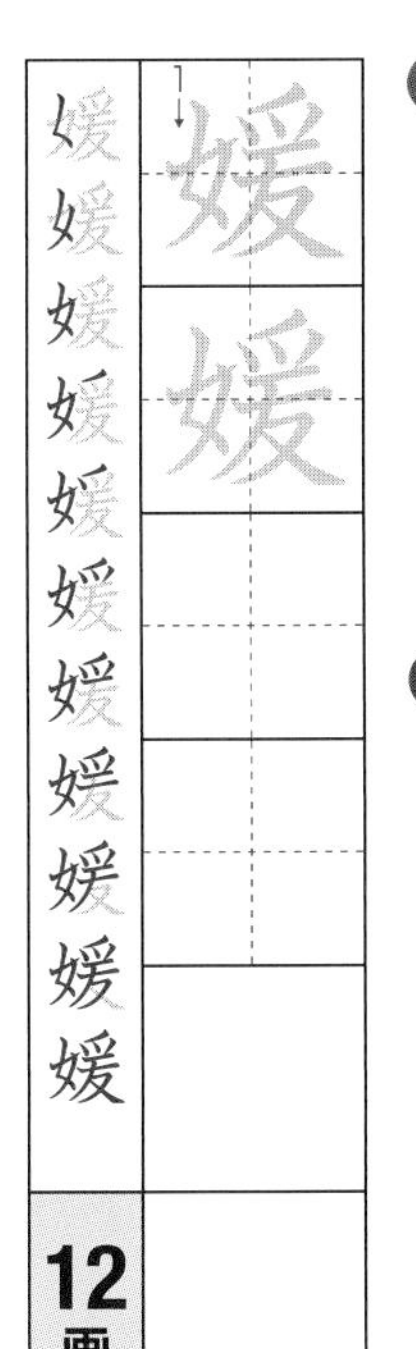

12画

127ページ

佐 にんべん

はらう 少し長く

読み方
サ

使い方
佐賀（さが）県・少佐（しょうさ）・大佐（たいさ）・中佐（ちゅうさ）・補佐（ほさ）

7画

127ページ

崎 やまへん

つき出す はねる

読み方
さき

使い方
長崎（ながさき）県・宮崎（みやざき）県

11画

読みかえの漢字

127ページ	新（にい）	新潟（にいがた）県
127	馬（ま）	群馬（ぐんま）県
127	千（ち）	千葉（ちば）県
127	本（もと）	熊本（くまもと）県

特別な読み方の言葉

ページ	言葉	読み方
127	宮城	みやぎ
127	富山	とやま
127	岐阜	ぎふ
127	茨城	いばらき
127	神奈川	かながわ
127	滋賀	しが
127	大阪	おおさか
127	奈良	なら
127	鳥取	とっとり
127	愛媛	えひめ
127	大分	おおいた
127	鹿児島	かごしま

ものしりメモ 日本は、都道府県のほかに「地方」で分けることもできるよ。茨城・栃木・群馬・埼玉・千葉・東京・神奈川をまとめて「関東（かんとう）地方」ともよぶよ。ほかの地方のよび方も調べてみよう。

練習のワーク

漢字を使おう11

教科書 下127ページ
答え 7ページ

勉強した日　月　日

1 新しい漢字を読みましょう。

①（127ページ） 宮城（　　）県の山。

② 新潟（　　）県でとれた米。

③ 富山（　　）県の料理。

④ 岐阜（　　）県の観光地。

⑤ 茨城（　　）県の特産品。

⑥ 栃木（　　）県の農産物。

⑦ 群馬（　　）県の駅。

⑧ 埼玉（　　）県の人口。

⑨ 千葉（　　）県の海岸。

⑩ 神奈川（　　）県にある店。

⑪ 滋賀（　　）県の湖。

⑫ 大阪（　　）府をおとずれる。

⑬ 奈良（　　）県の寺へ行く。

⑭ 鳥取（　　）県の漁港。

⑮ 愛媛（　　）県の民話。

⑯ 佐賀（　　）県のれきし。

⑰ 長崎（　　）県の島。

⑱ 熊本（　　）県の空港。

⑲ 大分（　　）県の温せん。

⑳ 鹿児島（　　）県出身の人。

2 新しい漢字を書きましょう。

127ページ

① みやぎ県。
② にいがた県。
③ とやま県。
④ ぎふ県。
⑤ いばらき県。
⑥ とちぎ県。
⑦ ぐんま県。
⑧ さいたま県。

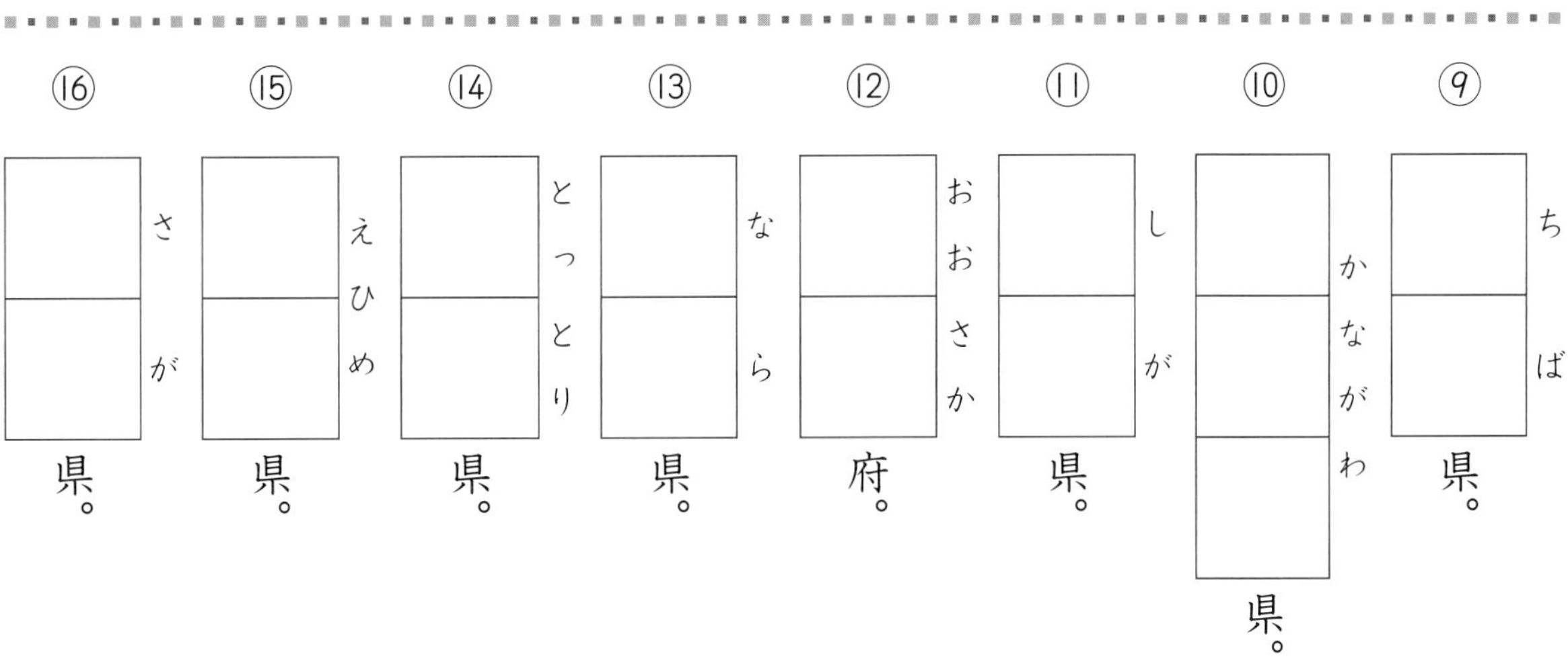

⑨ ちば県。
⑩ かながわ県。
⑪ しが県。
⑫ おおさか府。
⑬ なら県。
⑭ とっとり県。
⑮ えひめ県。
⑯ さが県。

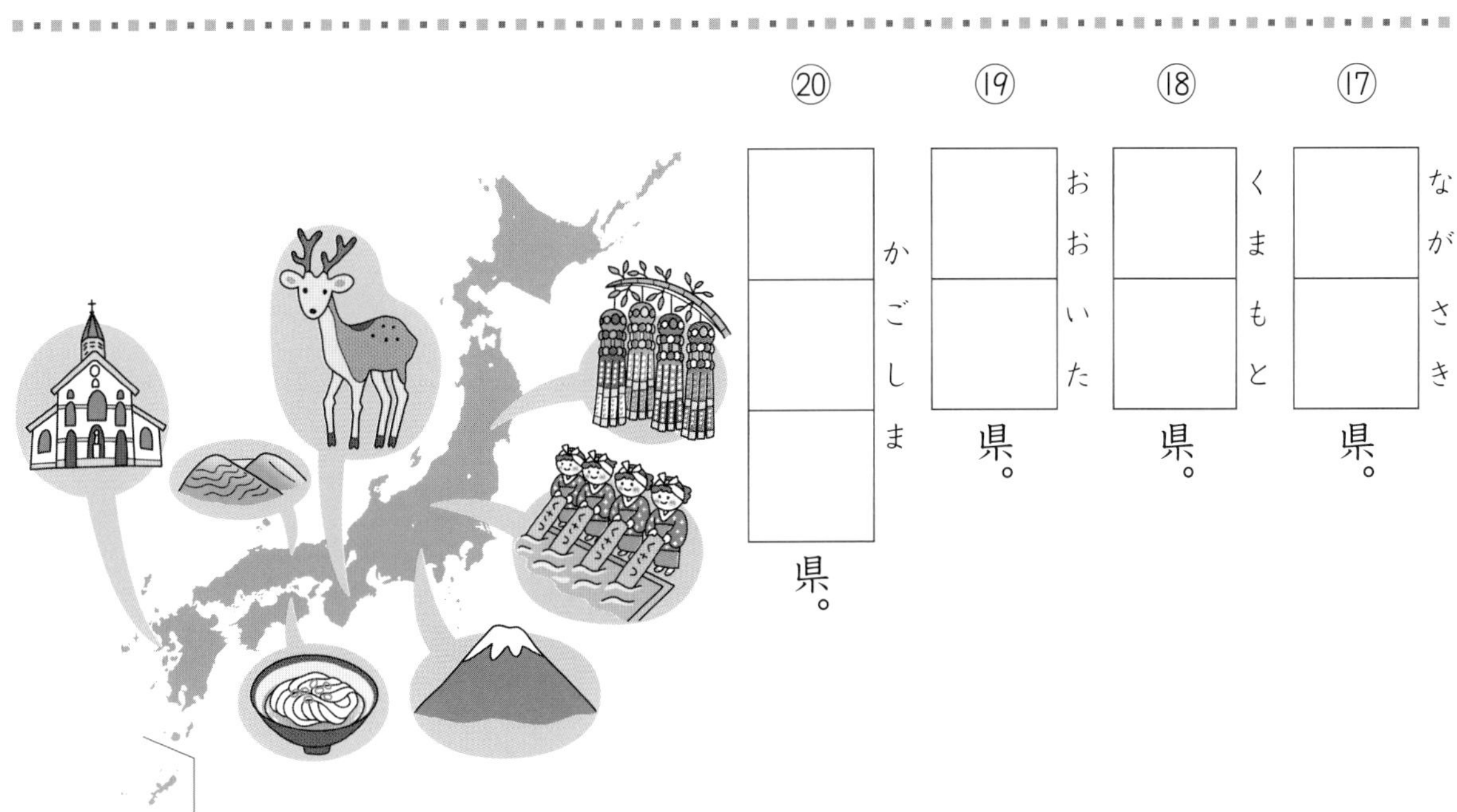

⑰ ながさき県。
⑱ くまもと県。
⑲ おおいた県。
⑳ かごしま県。

4年 仕上げのテスト

答え 7ページ

時間 20分

とく点 /100点

勉強した日 月 日

1 ―線の漢字の読み方を書きましょう。 一つ1（14点）

① 新（　）たに建物（　）がたてられる。

② 梨（　）を植えることを希望（　）する。

③ 手芸（　）クラブの仲間（　）と活動する。

④ 望遠鏡（　）の口径（　）をはかる。

⑤ にほん各地（　）の寺社（　）に行く。

⑥ 果物（　）の香（　）りがする。

⑦ ある民族（　）の言いつたえを信（　）じる。

2 □は漢字を、〔　〕は漢字と送りがなを書きましょう。 一つ2（28点）

① 〔あゆみ〕を続ける。

② □□（がんやく）を飲む。

③ □（いばら）の道。

④ □□（じんとく）のある兄。

⑤ □□（ぎゅうにく）を買う。

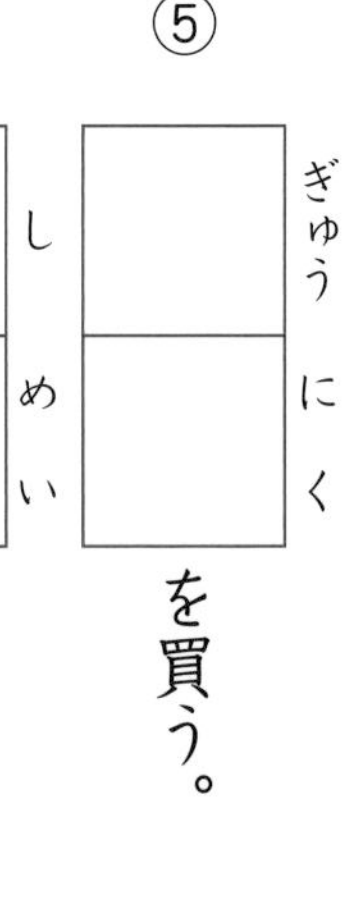
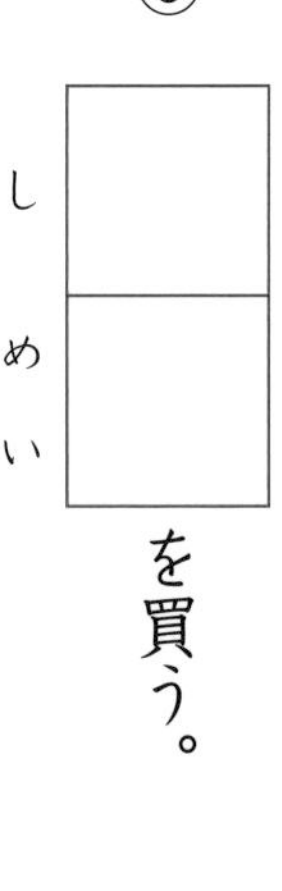
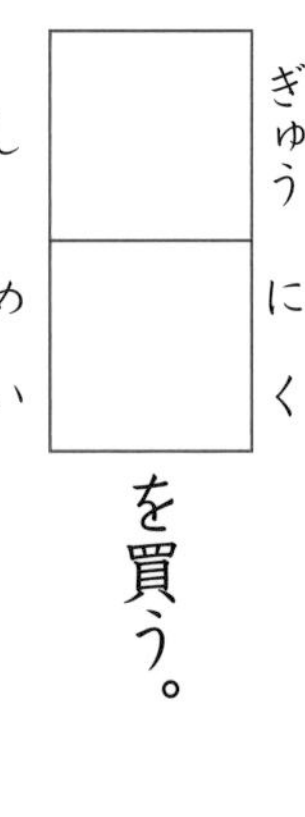

⑥ 近くの□□（ぼくじょう）。

⑦ □□（しめい）を書く。

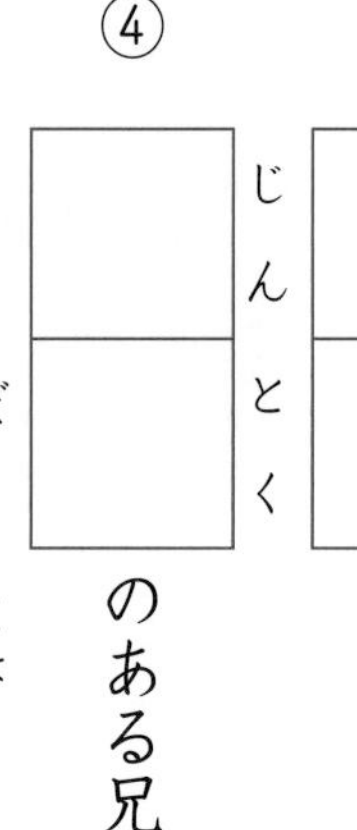

⑧ □□（くろう）する。

⑨ □□（なんきょく）のペンギン。

⑩ □□（きのう）の話。

⑪ □□□（ふくだいじん）。

⑫ おおがたの□□（きかい）。

⑬ □□（ぎふ）県。

⑭ □□（しが）県。

3 ——線の言葉を、漢字と送りがなで書きましょう。　一つ2（10点）

① 感しゃをつたえる。
② ちがうやり方をこころみる。
③ 村長が村をおさめる。
④ 兄はいさましい。
⑤ 家の前で友達とわかれる。

4 次の都道府県の読み方を書きましょう。　一つ1（4点）

① 新潟県。（　）
② 栃木県。（　）
③ 奈良県。（　）
④ 愛媛県。（　）

5 次の漢字の二通りの読み方を書きましょう。　一つ1（8点）

① 帯
1 ゆかたを着て帯を結ぶ。（　）
2 温帯地方に生える植物。（　）

② 芽
1 球根が発芽する。（　）
2 アサガオの芽が出る。（　）

③ 便
1 買い物に便利な店。（　）
2 午前中にゆう便がとどく。（　）

④ 欠
1 月が欠ける。（　）
2 自分の欠点をみとめる。（　）

6 次の意味に合う言葉になるように、□に漢字を一字入れましょう。　一つ2（6点）

① 道路を明るくするための明かり。　街□
② じゅ業が終わった後の時間。　放□後
③ 物事が思いどおりにうまくいくこと。　成□

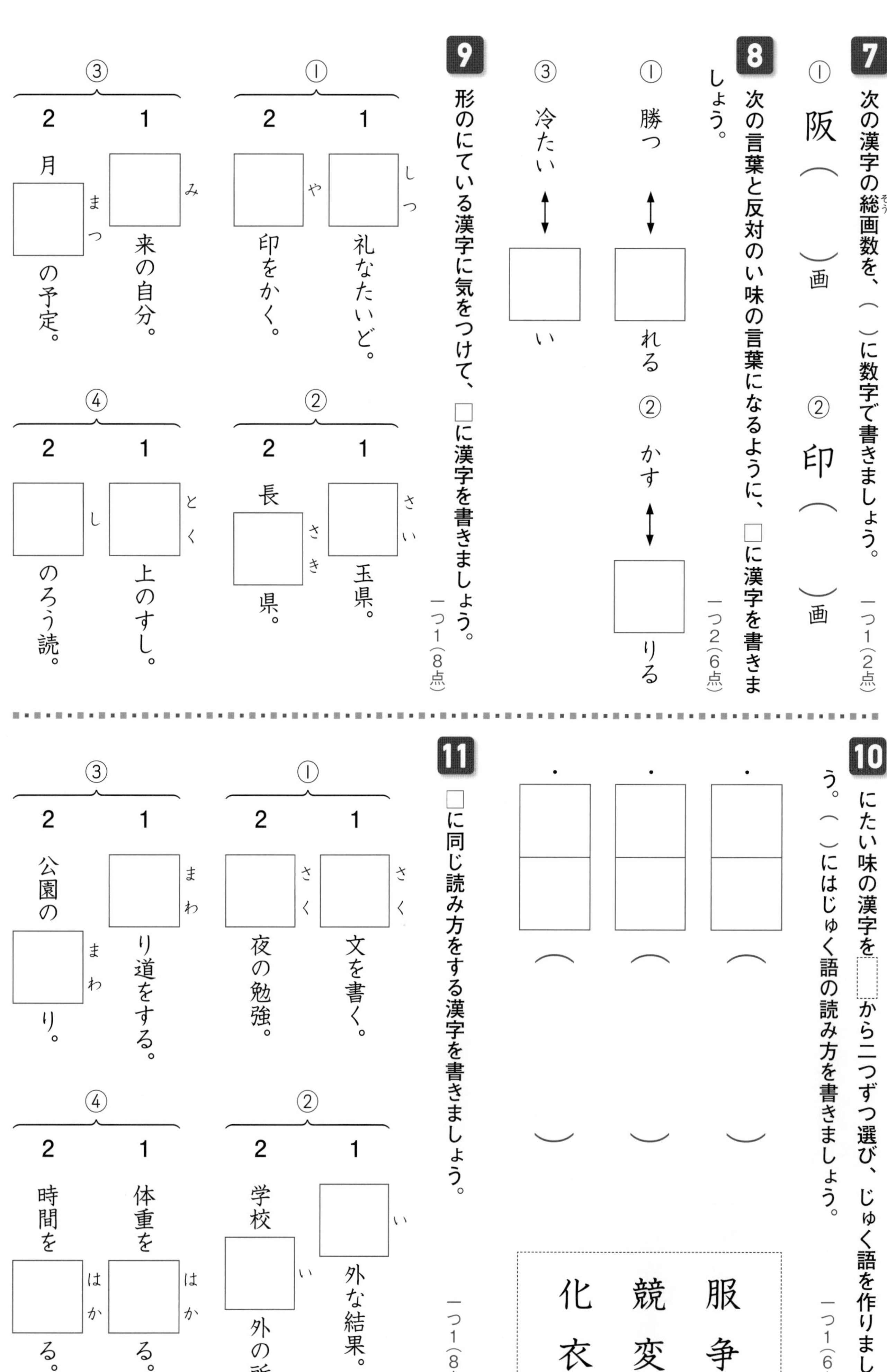

7 次の漢字の総(そう)画数を、（　）に数字で書きましょう。　一つ1（2点）

① 阪（　）画　② 印（　）画

8 次の言葉と反対のい味の言葉になるように、□に漢字を書きましょう。　一つ2（6点）

① 勝つ ↔ □れる　② かす ↔ □りる　③ 冷たい ↔ □い

9 形のにている漢字に気をつけて、□に漢字を書きましょう。　一つ1（8点）

① 1 □(しつ)礼なたいど。 2 □(や)印をかく。

② 1 □(さい)玉県。 2 長□(さき)県。

③ 1 □(み)来の自分。 2 月□(まつ)の予定。

④ 1 □(とく)上のすし。 2 □(し)のろう読。

10 にたい味の漢字を□から二つずつ選び、じゅく語を作りましょう。（　）にはじゅく語の読み方を書きましょう。　一つ1（6点）

□□（　）　□□（　）　□□（　）

服　争　競　変　化　衣

11 □に同じ読み方をする漢字を書きましょう。　一つ1（8点）

① 1 □(さく)文を書く。 2 □(さく)夜の勉強。

② 1 □(い)外な結果。 2 学校□(い)外の所。

③ 1 □(まわ)り道をする。 2 公園の□(まわ)り。

④ 1 体重を□(はか)る。 2 時間を□(はか)る。

教科書ワーク

答えとてびき

「答えとてびき」は、とりはずすことができます。

東京書籍版

漢字4年

使い方

まちがえた問題は確実に書けるまで、くり返し書いて練習することが大切です。この本で、教科書に出てくる漢字の使い方を覚えて、漢字の力を身につけましょう。

●教科書 新しい国語 四上

こわれた千の楽器

4・5ページ 練習のワーク

1
①がっき ②そうこ ③す ④さ
⑤はたら ⑥しつれい ⑦つつ ⑧たと
⑨めいあん ⑩つづ ⑪へんか ⑫つた
⑬くら ⑭おぼ ⑮どう ⑯うしな
⑰ほう ⑱れいだい ⑲じぞく ⑳か
㉑でん

2
①楽器 ②倉庫 ③巣 ④覚ます
⑤働く ⑥失礼 ⑦包む ⑧例えば
⑨名案 ⑩続ける ⑪変化 ⑫伝わる
⑬覚 ⑭変 ⑮伝

3
①古い楽器を倉庫に運ぶ。
②父親に名案が伝わる。
③同じ場所で働く。

漢字を使おう1 図書館へ行こう

8〜10ページ 練習のワーク

1
①か ②ただ ③もと ④きろく
⑤じりつ ⑥みずか ⑦どりょく
⑧しぜん ⑨ぶんるいほう ⑩りょう
⑪しゃくよう ⑫ついきゅう ⑬つと
⑭てんねん ⑮たぐ

2
①借りる ②直ちに ③求める ④記録
⑤自立 ⑥自ら ⑦努力 ⑧自然
⑨分類法 ⑩料 ⑪借用 ⑫追求
⑬努 ⑭天然 ⑮類

3
①直ちに先生から本を借りる。
②発言の記録を求める。
③自立する努力をする。
④自然にかんするし料を読む。

4
①詩集 ②童話 ③文章 ④係
⑤返す ⑥目次 ⑦調べる ⑧地球
⑨帳 ⑩主語 ⑪予定 ⑫勉強 ⑬君
⑭学級委員 ⑮筆箱 ⑯問題集 ⑰漢字

話を聞いて質問しよう 漢字辞典の使い方

14・15ページ 練習のワーク

1
①べつ ②さんか ③め ④ししょ
⑤じてん ⑥な ⑦せつめい ⑧れんじつ
⑨ひつじゅん ⑩おんくん ⑪しゅるい
⑫べんり ⑬なお ⑭わか ⑮まい
⑯くわ ⑰はつが ⑱せいちょう ⑲と
⑳つら ㉑つ ㉒たね ㉓びん
㉔たよ ㉕おさ

2
①別 ②参加 ③芽 ④司書 ⑤辞典

⑥成り　⑦説明　⑧連日　⑨筆順
⑩音訓　⑪種類　⑫便利　⑬治る　⑭別
⑮成長　⑯連　⑰種　⑱治

ヤドカリとイソギンチャク
漢字を使おう2
わたしのクラスの「生き物図かん」

19～22ページ　練習のワーク

1
①かんさつ　②じっけん　③だいこうぶつ
④と　⑤かんけい　⑥はく　⑦けっか
⑧きかい　⑨りょう　⑩ねっとう
⑪せいしょ　⑫きよ　⑬しみず
⑭ぎょせん　⑮たいりょう
⑯みょうちょう　⑰がいちゅう
⑱ざいりょう　⑲かんせい　⑳この　㉑す
㉒ひこうき　㉓せきしょ　㉔かか
㉕むす　㉖は　㉗はか　㉘あつ

2
①観察　②実験　③大好物　④飛ぶ
⑤関係　⑥博　⑦結果　⑧機会　⑨量
⑩熱湯　⑪清書　⑫清まる　⑬清水
⑭漁船　⑮大漁　⑯明朝　⑰害虫
⑱材料　⑲完成　⑳好　㉑好　㉒飛行機
㉓関所　㉔結　㉕果　㉖量　㉗熱

3
①観察の結果を記録する。
②実験に関係する本を読む。
③熱湯の量をはかる。
④作文の清書をする。

⑤明朝に漁船に乗る。
⑥新しいビルが完成する。

4
①住む　②湯　③家族　④三階　⑤部屋
⑥整理　⑦写真　⑧着る　⑨車庫　⑩服
⑪曲　⑫自由　⑬銀色　⑭遊ぶ　⑮様子
⑯宿題

走れ／漢字を使おう3
人物の気持ちと行動を表す言葉
山場のある物語を書こう

26～29ページ　練習のワーク

1
①てつだ　②そう　③やくそく　④せき
⑤にい　⑥わら　⑦とく　⑧や　⑨きょう
⑩はじ　⑪はた　⑫もっと　⑬がんねん
⑭けんこう　⑮じょうたつ　⑯じなん
⑰せきどう　⑱なか　⑲かいが
⑳せいこう　㉑しっぱい　㉒しつぼう
㉓ともだち　㉔はなたば　㉕くらい
㉖けいば　㉗しょにち　㉘はつゆき
㉙こっき　㉚さいしょ　㉛やぶ　㉜のぞ

2
①手伝う　②走　③約束　④席　⑤二位
⑥笑う　⑦特　⑧焼き　⑨競　⑩初めて
⑪旗　⑫最も　⑬元年　⑭健康　⑮上達
⑯次男　⑰赤道　⑱半ば　⑲絵画　⑳成功
㉑失敗　㉒失望　㉓友達　㉔花束　㉕位
㉖競馬　㉗初日　㉘初雪　㉙国旗　㉚最初

3
①母を手伝う約束をする。

②短きょり走で二位になる。
③最もステージに近い席。
④初めて赤ちゃんが笑う。
⑤次男はいつも健康だ。
⑥友達と絵画教室に行く。

4
①早起き　②転ぶ　③運動　④体育館
⑤息　⑥泳ぐ　⑦投げる　⑧勝負
⑨打つ　⑩注意　⑪悪　⑫練習　⑬身体
⑭代表　⑮期待　⑯八秒

漢字を使おう4
ローマ字の書き方
広告を読みくらべよう

33～35ページ　練習のワーク

1
①きょうかん　②えいご　③けつまつ
④あい　⑤ぶ　⑥あくてんこう
⑦かざぐるま　⑧お　⑨しきし
⑩ふたとお　⑪こう　⑫もくてき
⑬ひつよう　⑭いんさつ　⑮えら　⑯とも
⑰すえ　⑱せつ　⑲まと　⑳かなら
㉑かなめ　㉒やじるし　㉓す　㉔せんしゅ

2
①共感　②英語　③結末　④愛　⑤分
⑥悪天候　⑦風車　⑧折る　⑨色紙
⑩二通り　⑪広　⑫目的　⑬必要　⑭印刷
⑮選ぶ　⑯共　⑰末　⑱折　⑲的　⑳必
㉑要　㉒矢印　㉓刷　㉔選手

3
①祭り　②神社　③昭和　④開く　⑤第

⑥昔 ⑦守る ⑧式 ⑨氷 ⑩道具 ⑪酒
⑫使う ⑬気温 ⑭流れ ⑮飲む ⑯文化
⑰感想 ⑱終わる

夏休み　まとめのテスト

36・37ページ　まとめのテスト①

1 ①がっき・つつ ②はたら・つづ
③きろく・どりょく
④りょう・ぶんるいほう ⑤べつ・さんか
⑥な・じてん ⑦しゅるい・なお

2 ①倉庫 ②巣 ③失礼 ④変化 ⑤借りる
⑥求める ⑦自立 ⑧芽 ⑨司書 ⑩説明
⑪連日 ⑫筆順 ⑬音訓 ⑭便利

3 ①イ ②ア ③エ ④オ ⑤ウ

4 ①1はし 2そう ②1おさ 2じ
③1げん 2がん 3もと
④1はじ 2はつ 3しょ

5 ①覚ます ②例えば ③半ば ④直ちに
⑤選ぶ

6 ①健 ②案

てびき

2 ⑥「求」は、三画目と四画目をしっかりはなして書くようにしましょう。最後の七画目の点もわすれないようにしましょう。

3 ③「氵」(さんずい)は、水に関することに付く部首です。ほかに「海」「温」「池」「泳」「流」などがあります。
④部首は「イ」(にんべん)です。「力」(ちから)とまちがえないようにしましょう。

4 ③2「元」は「ゲン・ガン」と音読みが二つある漢字です。注意して読みましょう。

6 漢字一字ずつの意味を考えながら、合う言葉を考えましょう。
②「名」には「すぐれている・すばらしい」という意味、「案」には「思いつき・考え」という意味があります。

38・39ページ　まとめのテスト②

1 ①かんさつ・じっけん
②せいしょ・かんせい ③そう・にい
④とく・や ⑤じなん・けんこう
⑥えいご・しきし ⑦ひつよう・えら

2 ①結果 ②量 ③漁船 ④材料 ⑤約束
⑥笑う ⑦旗 ⑧上達 ⑨失敗 ⑩愛
⑪悪天候 ⑫折る ⑬目的 ⑭印刷

3 ①好 ②治 ③訓 ④種 ⑤初 ⑥物

4 ①共 ②博 ③競 ④功

5 ①9(九) ②16(十六) ③15(十五)
④10(十)

6 ①1かん 2せき ②1もっと 2さい
③1ぼう 2のぞ

7 ①1度 2席 ②1働 2動
③1昔 2借 ④1録 2緑

てびき

1 ⑤「男」には「ダン・ナン」の二つの音読みがあるので注意しましょう。

2 ②「量」と④「料」は、どちらも「リョウ」と読みます。意味を考えて使い分けましょう。

3 ⑤「初」の「衤」を「ネ」とまちがえないようにしましょう。

5 ①「飛」は「飞」の部分の画数をまちがえないようにしましょう。

7 ②「働」と「動」は、どちらも音読みは「ドウ」と読みます。形がにている漢字なので、注意しましょう。
③「昔」は「ひへん」、「借」は「にんべん」の漢字です。
④「録」と「緑」は部首のちがいに気をつけて書きましょう。「録」は「かねへん」、「緑」は「いとへん」です。

お願いやお礼の手紙を書こう／ことわざ・故事成語を使おう／クラスで話し合って決めよう／漢字を使おう5／文の組み立てと修飾語

44〜47ページ 練習のワーク

❶
①ねが ②そうふ ③きょうりょく ④つ
⑤ぎょふ ⑥まじ ⑦いがい ⑧ぎだい
⑨もくひょう ⑩ぐんしゅう ⑪む
⑫ぐんぶ ⑬かん ⑭かんがっき
⑮ねいろ ⑯と ⑰とほ ⑱しらなみ
⑲にゅうよく ⑳あ ㉑がいとう
㉒せんきょ ㉓とうひょうび
㉔そつぎょう ㉕かもつせん ㉖おき
㉗がんぼう ㉘つ ㉙めんせき ㉚おっと
㉛くだ ㉜ふ ㉝まちかど ㉞あ

❷
①願い ②送付 ③協力 ④積もる
⑤漁夫 ⑥交わる ⑦以外 ⑧議題
⑨目標 ⑩群集 ⑪群れ ⑫郡部 ⑬官
⑭管楽器 ⑮音色 ⑯富む ⑰徒歩
⑱白波 ⑲入浴 ⑳浴びる ㉑街灯（外灯）
㉒選挙 ㉓投票日 ㉔卒業 ㉕貨物船
㉖沖 ㉗願望 ㉘付 ㉙面積 ㉚夫 ㉛管
㉜富 ㉝街角 ㉞挙

❸
①島 ②湖 ③旅 ④港 ⑤岸 ⑥橋
⑦追う ⑧波 ⑨本州 ⑩九州 ⑪世界
⑫太平洋 ⑬深い ⑭汽笛 ⑮号 ⑯仕事
⑰決まり

一つの花／漢字を使おう6

51〜54ページ 練習のワーク

❶
①せんそう ②はいきゅう ③はん
④ず ⑤ほうたい ⑥な ⑦ぐんか
⑧へいたい ⑨いちりん ⑩けい
⑪せいしゅん ⑫こうはん ⑬にんぎょう
⑭ちか ⑮あさ ⑯そこ ⑰ち ⑱さんぽ
⑲あいけん ⑳じどう ㉑たたか
㉒あらそ ㉓お ㉔おび ㉕ひょうご
㉖わ ㉗かいてい

❷
①戦争 ②配給 ③飯 ④頭 ⑤包帯
⑥泣き ⑦軍歌 ⑧兵隊 ⑨一輪 ⑩景
⑪青春 ⑫後半 ⑬人形 ⑭地下 ⑮浅い
⑯底 ⑰散る ⑱散歩 ⑲愛犬 ⑳児童
㉑戦 ㉒争 ㉓帯 ㉔帯 ㉕兵庫 ㉖輪
㉗海底

❸
①配給のご飯を分ける。
②兵隊が包帯をまく。
③小さい子どもが泣く。
④昔の軍歌を聞く。
⑤野原に一輪の花がさく。
⑥児童が浅いプールで遊ぶ。
⑦地下にある店に行く。
⑧秋に花だんのコスモスが散る。
⑨愛犬と散歩する。

❹
①太陽 ②庭 ③柱 ④実 ⑤暑い ⑥緑
⑦落とす ⑧美しい ⑨寒い ⑩他
⑪植物 ⑫拾う ⑬畑 ⑭豆 ⑮葉 ⑯根
⑰炭

●教科書　新しい国語　四下

くらしの中の和と洋
「和と洋新聞」を作ろう
つなぐ言葉

58・59ページ 練習のワーク

❶
①いしょくじゅう ②べい ③お ④さ
⑤ちょうせつ ⑥たん ⑦えいよう
⑧しお ⑨むけい・さん
⑩のうりんすいさんしょう ⑪しょうめい
⑫しゅくじつ ⑬しあい ⑭くま ⑮しか
⑯いち ⑰さ ⑱ふしめ ⑲さか
⑳やしな ㉑えんぶん ㉒ぶじ ㉓う
㉔はんせい ㉕て ㉖いわ ㉗こころ

❷
①衣食住 ②米 ③置く ④差 ⑤調節
⑥単 ⑦栄養 ⑧塩 ⑨無・産
⑩農林水産省 ⑪照明 ⑫祝日 ⑬試合
⑭熊 ⑮鹿

聞いてほしいな、こんな出来事
じゅく語の意味

62・63ページ 練習のワーク

1 ①のこ ②ふあん ③かんれい ④こうてい ⑤うせつ ⑥ふまん ⑦みち ⑧ふぼ ⑨ろうぼく ⑩りょうこう ⑪ちゃくりく ⑫でんごん ⑬かいぎょう ⑭ざんしょ ⑮ぶきみ ⑯つめ ⑰ひ ⑱さ ⑲ひく ⑳み ㉑お ㉒よ ㉓あらた

2 ①残る ②不安 ③寒冷 ④高低 ⑤右折 ⑥不満 ⑦未知 ⑧父母 ⑨老木 ⑩良好 ⑪着陸 ⑫伝言 ⑬改行 ⑭残暑 ⑮不気味 ⑯冷 ⑰冷 ⑱低 ⑲老 ⑳良 ㉑改

ごんぎつね
漢字を使おう7

66～68ページ 練習のワーク

1 ①しろ ②あた ③なたね ④や ⑤いど ⑥まつ ⑦がわ ⑧ふしぎ ⑨ねん ⑩なわ ⑪かた ⑫もうひつ ⑬ねんが ⑭とうあん ⑮しょうじき ⑯ふなたび ⑰おうごん ⑱せいてん ⑲はごいた ⑳けしき ㉑じょうかまち ㉒へん ㉓うみべ ㉔やさい ㉕しょうちく

2 ①城 ②辺り ③菜種 ④家 ⑤井戸 ⑥松 ⑦側 ⑧不思議 ⑨念 ⑩縄 ⑪固める ⑫毛筆 ⑬年賀 ⑭答案 ⑮正直 ⑯船旅 ⑰黄金 ⑱晴天 ⑲羽子板 ⑳景色 ㉑海辺 ㉒野菜

3 ①板 ②味見 ③短い ④重い ⑤持つ ⑥油 ⑦消す ⑧始まり ⑨暗い ⑩礼 ⑪受け取る ⑫幸福 ⑬二倍 ⑭平等 ⑮一度 ⑯皿 ⑰軽い

人物のせいかくと行動を表す言葉
言葉の意味と使い方
百人一首に親しもう／漢字を使おう8

71～73ページ 練習のワーク

1 ①しず ②まわ ③まご ④うめ ⑤きせつ ⑥えふだ ⑦あんしょう ⑧おかやま ⑨ゆきがっせん ⑩とどうふけん ⑪おくまんちょうじゃ ⑫いっちょう ⑬きせい ⑭しょうれい ⑮あんせい ⑯しゅうへん ⑰しそん ⑱とな

2 ①静か ②周り ③孫 ④梅 ⑤季節 ⑥絵札 ⑦暗唱 ⑧岡山 ⑨雪合戦 ⑩都道府県 ⑪億万長者 ⑫一兆 ⑬帰省 ⑭省令 ⑮安静 ⑯周辺 ⑰子孫 ⑱唱

3
①家の周りは静かだ。
②孫と梅の花を見る。
③季節の様子を絵札にえがく。
④岡山県の億万長者。
⑤都道府県名を暗唱する。
⑥お金が一兆円必要だ。

4 ①駅 ②鉄道 ③都市 ④高速 ⑤去る ⑥進む ⑦反対 ⑧方向 ⑨線路 ⑩出発 ⑪乗る ⑫車両 ⑬申し ⑭列車 ⑮荷物 ⑯急ぐ

冬休み　まとめのテスト

74・75ページ まとめのテスト①

1 ①ねが・そうふ ②ぎょふ・いがい ③せんきょ・とうひょうび ④おき・かもつせん ⑤へいたい・せんそう ⑥しゅくじつ・しあい ⑦くま・しか

2 ①協力 ②積もる ③目標 ④富む ⑤飯 ⑥泣く ⑦軍歌 ⑧一輪 ⑨浅い ⑩散歩 ⑪児童 ⑫衣食住 ⑬差 ⑭塩

3 ①10(十) ②15(十五)

4 ①議 ②栄 ③景 ④孫

5 ①×付→府 ②×巣→単 ③×低→底

④×昭→照

6 ①1よく　2あ　②1ぶ　2な
③1しょう　2はぶ

7 ①1官　2管　②1群　2郡
③1参　2産　④1給　2求

てびき

2 ⑥同じ読み方の「鳴く」との使い分けに注意します。「鳴く」は動物や虫、鳥などが声を出すときに使います。
⑫「衣食住」は「着ることと食べることと住むこと」という意味で、人の生活の基本になっていることを表しています。

3 ②「養」は、「良」の「良」の部分をつなげて書かないように注意しましょう。

4 ①・④は左右、②・③は上下に部分を組み合わせると漢字ができます。一つ一つ部分を当てはめながら、漢字ができるかどうかをたしかめましょう。

5 それぞれ、形がにている漢字なので、漢字をよく見てまちがいを見つけましょう。①「付」と「府」、③「低」と「底」、④「昭」と「照」は、音読みも同じ漢字です。使い分けられるようにしましょう。

7 ④「キュウ」と読む漢字には、「級」、「球」「究」など、ほかにも多くあります。文や言葉の意味をよく考えて使い分けましょう。

76・77ページ　まとめのテスト❷

1 ①ふあん・のこ　②こうてい・ちゃくりく
③しろ・あた　④なわ・いど　⑥まご・うめ
⑤ねんが・もうひつ
⑦おかやま・きせい

2 ①未知　②老木　③良好　④伝言　⑤菜種
⑥松　⑦側　⑧念　⑨固める　⑩周り
⑪絵札　⑫暗唱　⑬雪合戦　⑭一兆

3 ①3(三)　②4(四)　③5(五)
④9(九)

4 ①にんべん　②たけかんむり

5 ①1飯　2飲　②1季　2委
③1灯　2打　④1直　2置

6 ①ア　②オ　③ウ　④イ

7 ①冷たい　②静か　③改める　④満たす

てびき

2 ①「未」は形のにている「末」とまちがえないよう、横ぼうの長さに気をつけて書きましょう。

4 ②「節」の部首は「⺮」(たけかんむり)です。「たけかんむり」の漢字は、ほかには「答」「等」「筆」などがあります。

5 ①「飠」(しょくへん)は、「食」とは形がちがうことに注意して書くようにしましょう。

6 ①「幸福」は「幸せ」と「福」というにた意味を表す漢字を組み合わせた漢字です。
②「無理」は、「理」(=道理・ことわり)が「無い」、つまり道理に反するという意味の熟語です。組み立てとしては、上の漢字が下の漢字の意味を打ち消しているものです。ほかに、「未知」「不満」「無色」などもあります。

7 ①「冷」は、左側を「氵」としないようにしましょう。
③送りがなを「ためる」としないようにしましょう。

数え方を生み出そう
漢字を使おう9
調べたことをほうこくしよう

80～82ページ　練習のワーク

1 ①あゆ　②たてもの　③あら　④きぼう
⑤なし　⑥がんやく　⑦しゅげい
⑧いばら　⑨けつじょう　⑩か
⑪なかま　⑫けん

2 ①歩み　②建物　③新た　④希望　⑤梨
⑥丸薬　⑦手芸　⑧茨　⑨欠場　⑩欠ける
⑪仲間　⑫建

3 ①建物の中を歩む。
②新たな希望をいだく。

③梨を育てる農家。
④頭つうを治す丸薬を飲む。
⑤手芸の店を開く。
⑥人数がそろわず欠場する。
⑦古い皿が欠ける。
⑧遊ぶ仲間を集める。

4
①病院 ②面会 ③命 ④助ける ⑤指
⑥悲しい ⑦薬 ⑧皮 ⑨医者 ⑩相談
⑪心配 ⑫鼻血 ⑬必死 ⑭苦しい ⑮歯
⑯横

漢字を使おう10 同じ読み方の漢字 世界一美しいぼくの村

86～89ページ 練習のワーク

1
①じんとく ②こうけい
③ぼうえんきょう ④ぎゅうにく
⑤ぼくじょう ⑥かくち ⑦じしゃ
⑧しめい ⑨くろう ⑩なんきょく
⑪さくや ⑫ふくだいじん ⑬ほうかご
⑭きのう（さくじつ） ⑮きかい
⑯くだもの ⑰かお ⑱みんぞく
⑲ゆうき ⑳しん ㉑てかがみ ㉒かしん
㉓かがわけん ㉔いさ

2
①人徳 ②口径 ③望遠鏡 ④牛肉
⑤牧場 ⑥各地 ⑦寺社 ⑧氏名 ⑨苦労
⑩南極 ⑪昨夜 ⑫副大臣 ⑬放課後
⑭昨日 ⑮機械 ⑯果物 ⑰香り ⑱民族
⑲勇気 ⑳信じる ㉑手鏡 ㉒家臣
㉓香川県 ㉔勇

3
①先生は人徳がある。
②望遠鏡の口径をはかる。
③母が好きな牛肉を食べる。
④日本各地の牧場をめぐる。
⑤寺社をたずねる旅行をする。
⑥両親の氏名を書く。
⑦苦労して南極に着く。
⑧昨夜は国語の勉強をした。
⑨意見を副大臣に伝える。
⑩昨日の放課後のできごと。
⑪機械で自動車を組み立てる。
⑫あまい香りのする果物。
⑬民族に関係する本を読む。
⑭兄と話すと勇気が出る。
⑮相手の言葉を信じる。

4
①商品 ②客 ③区役所 ④放送局 ⑤宮
⑥有名 ⑦坂 ⑧県立 ⑨中央公園 ⑩羊
⑪登る ⑫一丁目 ⑬農業 ⑭安全
⑮研究

漢字を使おう11

92・93ページ 練習のワーク

1
①みやぎ ②にいがた ③とやま ④ぎふ
⑤いばらき ⑥とちぎ ⑦ぐんま
⑧さいたま ⑨ちば ⑩かながわ
⑪しが ⑫おおさか ⑬なら ⑭とっとり
⑮えひめ ⑯さが ⑰ながさき
⑱くまもと ⑲おおいた ⑳かごしま

2
①宮城 ②新潟 ③富山 ④岐阜 ⑤茨城
⑥栃木 ⑦群馬 ⑧埼玉 ⑨千葉
⑩神奈川 ⑪滋賀 ⑫大阪 ⑬奈良
⑭鳥取 ⑮愛媛 ⑯佐賀 ⑰長崎 ⑱熊本
⑲大分 ⑳鹿児島

4年 仕上げのテスト

94～96ページ 仕上げのテスト

1
①あら・たてもの ②なし・きぼう
③しゅげい・なかま
④ぼうえんきょう・こうけい
⑤かくち・じしゃ ⑥くだもの・かお
⑦みんぞく・しん

2
①歩み ②丸薬 ③茨 ④人徳 ⑤牛肉

⑥牧場　⑦氏名　⑧苦労　⑨南極　⑩昨日
⑪副大臣　⑫機械　⑬岐阜　⑭滋賀

3
①伝える　②試みる　③治める
④勇ましい　⑤別れる

4
①にいがた　②とちぎ　③なら　④えひめ

5
①1おび　2たい　②1が　2め
③1べん　2びん　④1か　2けっ

6
①灯　②課　③功

7
①7(七)　②6(六)

8
①敗　②借　③熱

9
①1失　2矢　②1埼　2崎
③1未　2末　④1特　2詩

10
(順じょなし)・衣服(いふく)
・競争(きょうそう)
・変化(へんか)

11
①1作　2昨　②1意　2以
③1回　2周　④1量　2計

てびき

1 ⑥「果物(くだもの)」は特別な読み方の言葉です。漢字一字ずつの読みとはことなるので、言葉として覚えましょう。

2 ⑪「副」と「福」は同じ読み方で形のにている漢字です。書きまちがえないようにしましょう。

3 ②「試みる」は「ためす」という意味です。「試る」などと書かないようにしましょう。⑤「分かれる」と書かないようにしましょう。

4 都道府県の読み方には、特別な読み方をするものが多くあります。それぞれの漢字を読むのではなく、一つの言葉として覚えておくようにしましょう。

5 ③2「ゆう便」や「定期便」など、「便」を「手紙や荷物を送る」という意味で使うときには、「ビン」と読みます。

6 ②「放課後」の「課」と「果」は同じ読み方で形のにた漢字です。注意しましょう。

7 ①「阪」の「⻖(こざとへん)」は、三画で書くことを覚えておきましょう。

8 それぞれ反対の意味の言葉を覚えておきましょう。

9 形のにた漢字にはほかにも、①は「夫」、④は「待」「持」などがあります。ちがう部分をおさえて、書き分けましょう。

10 「衣」と「服」は「ふく」、「競」と「争」は「あらそう」、「変」と「化」は「かわる」という意味を持つ漢字です。

11 ②1「意外」は「思っていたこととちがうこと」、2「以外」は「それをのぞくほかのもの」という意味で使います。③1「回り」はぐるりと回ること、2「周り」はある中心となるものの周辺のことです。④1「量る」は重さや容積を、2「計る」は時間や程度をはかる時に用います。

3 2 1 0 9 8 7 6 5 4
＊ ＊ D C B A